Das Strafregister in Deutschland

unter

besonderer Berücksichtigung Preußens

nebst einer

Zusammenstellung der im Auslande bestehenden Einrichtungen.

Erläutert von

H. Marchand,
Staatsanwaltschaftssekretär.

Berlin 1900.
J. Guttentag, Verlagsbuchhandlung,
G. m. b. H.

Vorwort.

Die vorliegende Arbeit ist bestimmt, eine Lücke in der Literatur auszufüllen. Nachdem die Einrichtung des Strafregisters im Deutschen Reiche nunmehr seit über siebenzehn Jahren besteht, und sich im Laufe dieser Zeit die darauf bezüglichen Bestimmungen theils geändert, theils vermehrt haben, erschien es angezeigt, dieselben zusammenzustellen. Ich habe mich dieser Arbeit unterzogen und — durch langjährige Führung eines umfangreichen Strafregisters mit dem behandelten Gegenstande vertraut, — die Verordnung des Bundesraths vom $\frac{16.\ 6.\ 82}{9.\ 7.\ 96}$, sowie die zur Ausführung derselben für Preußen ergangenen Verfügung des Herrn Justizministers vom 7. September 1896 mit Anmerkungen und Erläuterungen versehen.

Vorausgeschickt habe ich dem Werk im ersten Abschnitt eine Abhandlung über die bestehenden Strafregisterordnungen und im zweiten eine Darstellung des Verfahrens vor dem 1. Oktober 1882 gegeben. Ferner habe ich die von den preußischen Ausführungsvorschriften wesentlich abweichenden Bestimmungen der deutschen Bundesstaaten zusammengestellt und einen Ueberblick über die im Auslande bestehenden Einrichtungen zur Feststellung und Registrirung der Vorstrafen gegeben.

Der Plan und genauere Inhalt des Werkes ergeben sich aus der beigefügten Inhaltsübersicht und dem Sachregister.

Möge das Werk, das nicht nur für Register-, sondern auch für Aufsichts-, Strafverfolgungs-, Strafvollstreckungs-, sowie alle Verwaltungs- Militär- und Polizei-Behörden bestimmt ist, seinen Zweck, denselben ein nützliches Nachschlagebuch zu werden, erfüllen, und die Nachsicht finden, die es als das erste auf dem fraglichen Gebiete billigerweise verlangen kann.

Landsberg a. W. im Februar 1900.

Marchand.

Inhaltsverzeichniß.

Seite

C. Die im Auslande bestehenden Einrichtungen zur Feststellung und Registrirung der Vorstrafen.

Abschnitt I.

Von den verschiedenen Strafregister-Ordnungen.

Das Bedürfniß nach geordneten Strafregistern, die schnell und zuverlässig benutzt werden können, ist im Strafprozeß so unabweisbar hervorgetreten, daß sich kein Staat mit geordneter Rechtspflege der Nothwendigkeit, demselben Rechnung zu tragen, entziehen konnte. Jetzt hat mit wenigen Ausnahmen jeder Kulturstaat ein zeitgemäßes Strafregister. Leider ist dasselbe nicht nach einheitlichen Grundsätzen geordnet, so daß es, wie es zur Bekämpfung des internationalen Verbrecherthums wünschenswerth wäre, nicht die Unterstützung gewährt, die man von ihm bei gleichartigen Einrichtungen und unmittelbarem gegenseitigen Austausch erwarten könnte. Es sind in den einzelnen Staaten die verschiedensten Systeme zur Einführung gelangt. Nach der Art, die Vorstrafen zu registriren, unterscheidet man zwei Hauptgruppen: das Protokollationsverfahren und die Schachtel- oder Kartenordnung.

Bei dem erstgenannten Verfahren werden die eingehenden Strafnachrichten in die das Register bildenden Protokolle (Bücher, Repertorien) eingetragen; zur Erleichterung der Benutzung werden alphabetische Namensregister geführt. Diese Ordnung ist in Dänemark, Luxemburg und einigen Schweizer Kantonen eingeführt.

Die Schachtel- oder Kartenordnung ist in Frankreich schon seit dem Jahre 1850 in Uebung. Die für das Strafregister bestimmten Nachrichten werden in Strafkarten (Formulare von vorgeschriebener Größe, Farbe und Format) eingetragen und der zuständigen Registerbehörde übersandt. Bei dieser werden die Strafkarten in alphabetischer Ordnung in mit entsprechender Aufschrift versehenen Schachteln (Kästen) aufbewahrt. Die Kästen mit den darin niedergelegten Strafkarten bilden das Strafregister. Die Führung eines besonderen Namensverzeichnisses ist nicht erforderlich. Diese Ordnung ist von Deutschland, Belgien, Italien, den Niederlanden, Oesterreich, Portugal und einigen Schweizer Kantonen übernommen.

Das Protokollationsverfahren verursacht viel Schreibwerk und ist sehr umständlich; das Register wächst sehr bald an und wird dadurch unzuverlässig. Das daneben zu führende Namensverzeichniß wird, selbst wenn es bezüglich jeden einzelnen Buchstabens des Alphabets in Unterabtheilungen zerlegt wird, mit der Zeit doch unübersichtlich, und das Aufsuchen der Namen in demselben ist sehr zeitraubend. Die Nachrichten, welche verstorbene Personen betreffen, oder aus anderen Gründen werthlos geworden sind, können aus demselben nicht entfernt werden, ein Durch- oder Unterstreichen dieser Einträge würde die Uebersichtlichkeit nur verringern. Andererseits hat dies Verfahren auch große Vorzüge. Der Eingang der Nachrichten kann jederzeit festgestellt werden und ein Verlegen der Karten, wie auch ihre absichtliche Beiseiteschaffung ist ausgeschlossen.

Die Vorzüge und Nachtheile der Schachtelordnung ergeben sich aus dem eben angeführten. Ein weiteres hierüber an dieser Stelle zu sagen, erübrigt sich.

Bei beiden Ordnungen kann nun eine Centralisation oder eine Decentralisation eintreten. In einem großen Staate verbietet sich ein Centralregister von selbst, da es zu umfangreich werden und dadurch an Zuverlässigkeit einbüßen würde. Für Staaten von geringer räumlicher Ausdehnung oder nicht zu großer Bevölkerungsziffer ist es als praktisch und zweckdienlich zu empfehlen. Schon die Thatsache, daß die Strafnachrichten in kein unzuständiges Register gelangen und Auskunftsersuchen deshalb immer mit Sicherheit beantwortet werden können, spricht für dasselbe. Eine übermäßige Decentralisation hat außer den aufgeführten auch den Nachtheil, daß die Einheitlichkeit in der Registerführung nicht aufrecht zu erhalten ist. Andererseits ist es leichter, die Richtigkeit der in den Strafnachrichten und Auskunftsersuchen enthaltenen Personalangaben zu prüfen, da die Kirchenbuchs-Duplikate und Standesamts-Nebenregister bei den Registerbehörden selbst aufbewahrt werden können oder doch leicht zu erreichen sind; ebenso können anderweite erforderliche Ermittelungen dieser Art in vielen Fällen mit der Aussicht auf schnelleren Erfolg angestellt werden. Decentralisirte Strafregister haben außer Deutschland noch Dänemark, Frankreich, Italien, die Niederlande, Oesterreich und Portugal. In Deutschland ist die Decentralisation aber nicht einheitlich durchgeführt. Während in Preußen und den meisten kleineren Bundesstaaten die Staatsanwaltschaften zu Registerbehörden bestellt sind, führen in Bayern und Bremen die Amtsanwälte, in Sachsen die Amtsrichter, in Württemberg die Ortsvorsteher jeder Gemeinde, in Baden die Amtsgerichte und in Elsaß-Lothringen die Gerichtsschreibereien der Landgerichte das Register.

Belgien hat ein centralisirtes Schachtelregister, Luxemburg ein Centralregister auf der Grundlage des Protokollationsverfahrens. In

Schweden ist die Einführung einer Art centralisirten Schachtelregisters in Aussicht genommen. Rußland hat seit 1870 die Ordnung, daß ein Centralbüreau im Justizministerium über alle ihm zu berichtenden Verurtheilungen gedruckte Verzeichnisse periodisch herausgiebt und an die Gerichte und Anklagebehörden des ganzen Reiches überschickt.

Von ungemein großer Bedeutung für die Zuverlässigkeit des Registers ist die Bestimmung über die Zuständigkeit desselben. Während in den meisten Staaten bis zur Einführung geordneter der Neuzeit entsprechender Strafregister die Strafurtheile bei der Behörde des Wohnorts und in Ermangelung eines solchen des letzten Aufenthaltsorts gesammelt wurden, war in Frankreich schon lange für die Zuständigkeit der Registerbehörde der Geburtsort bestimmend. Diese äußerst praktische Einrichtung ist von fast allen Staaten, in denen decentralisirte Strafregister zur Einführung gelangt sind, übernommen worden. In Oesterreich jedoch ist nach der am 1. Januar 1898 in Kraft getretenen Verordnung über Einführung von Strafregistern vom 8. Dezember 1897 diejenige Staatsanwaltschaft zum Strafregisteramt bestimmt, in deren Sprengel der Verurtheilte heimathszuständig ist.

Hinsichtlich des in die Strafkarten aufzunehmenden Inhalts sind ebenfalls die mannigfaltigsten Anordnungen ergangen. Es wird in verschiedenen Staaten verlangt, daß neben dem Tage des Urtheils angegeben werde, an welchem Tage die That verübt und die Strafe verbüßt wurde, und ferner vermerkt werde, ob die That im Trunke verübt ist, ob der Verurtheilte schreiben und lesen kann oder eine höhere Bildung besitzt, ob und wieviel Kinder er hat, endlich, ob er sich selbstständig ernährt, Vermögen besitzt oder nicht. Diese Angaben sind zum Theil auch deshalb zu machen, weil die Strafkarten in den betreffenden Staaten gleichzeitig statistischen Zwecken dienen. In einigen Staaten wird auch eine Personalbeschreibung des Verurtheilten in die Strafkarte aufgenommen. Frankreich nimmt sogar — wenn vorhanden — das Ergebniß der anthropometrischen Messung in das Register auf.

Verschieden sind auch die Bestimmungen darüber, über welche Urtheile und Beschlüsse Strafnachrichten auszufertigen und in die Register aufzunehmen sind. Außer den Mittheilungen der wegen Verbrechen, Vergehen und gewisser Uebertretungen ausgesprochenen Strafurtheile und den Beschlüssen über Landesverweisung und Ueberweisung an die Landespolizeibehörde, werden in mehreren Staaten noch andere Urtheile und Beschlüsse in das Register aufgenommen. Das Nähere hierüber geht aus den im VI. Abschnitt über die Einrichtungen des Auslandes gemachten Mittheilungen hervor.

Ferner wird das Strafregister in verschiedenen Staaten zu Aufenthaltsermittelungen von Angeklagten und anderen Personen, für Zwecke der bedingten Verurtheilung, des Strafaufschubs, der vorzeitigen Entlassung u. a. m. benutzt.

In

Preußen

war die bis zum 1. Oktober 1882 geübte Kontrolle der Vorstrafen gänzlich unzureichend. Erst durch die Verordnung des Bundesraths vom 16. Juni 1882 betreffend die Einrichtung von Strafregistern und die wechselseitige Mittheilung der Strafurtheile ist hierin Wandel geschaffen. Da vorher die Strafurtheile bei den Staatsanwaltschaften des Wohn- bezw. Aufenthaltsortes des Verurtheilten registrirt wurden, fehlte es an einer Sammelstelle für die Strafurtheile der Personen, die ihren Aufenthalt wechselten. Deshalb bestimmt die Verordnung des Bundesraths zur Registerführung diejenige Behörde, zu deren Bezirk der Geburtsort gehört, oder wenn der Geburtsort nicht zu ermitteln oder außerhalb Deutschlands belegen ist, das Reichsjustizamt, weil nur der Geburtsort unveränderlich bleibt. Wird der Geburtsort richtig angegeben, dann werden die sämmtlichen Strafnachrichten bei einer Stelle, der zuständigen Registerbehörde, gesammelt und diese kann jederzeit vollständige Auskunft geben.

Ueber siebenzehn Jahre ist die 1882 neu geschaffene Einrichtung mit bestem Erfolge in Wirksamkeit, was deutlich die jährlich festzustellende Steigerung des Geschäftsumfanges beweist. Je mehr die Einrichtung bekannt wird, desto mehr wird sie benutzt. Es ist selbstverständlich, daß das Register in den ersten Jahren unvollständig bleiben mußte und selbst jetzt kann nicht behauptet werden, daß jede Strafe und jeder Verurtheilte, soweit sie nach den ergangenen Vorschriften für das Register in Betracht kommen, aus demselben ersehen werden könnten, wohl aber erscheint der Zeitpunkt gekommen, wo es mit verschwindenden Ausnahmen allen an dasselbe gestellten Anforderungen genügen sollte. Die Leichtigkeit und Sicherheit, mit der das Register eingesehen werden kann, die Handlichkeit bei der Benutzung, die Schnelligkeit, mit der die Auskunftsertheilungen erfolgen, und seine Verwendbarkeit zu verschiedenen, von vornherein nicht in's Auge gefaßten Zwecken haben ihm eine schnelle Verbreitung und Beliebtheit nicht nur bei den Gerichtsbehörden, sondern auch bei sämmtlichen Verwaltungs-, Kommunal- und Militärbehörden verschafft. Außer von den Gerichtsbehörden in Straf-, Prozeß-, und Vormundschaftssachen, wird das Register von fast allen Verwaltungsbehörden bezüglich der anzustellenden Beamten und auch nur vorübergehend einzustellenden Arbeiter angegangen, ferner zwecks Feststellung des Unterstützungswohnsitzes, zur Einrichtung und Ergänzung der polizeilichen Melderegister, zur Vervollständigung der Meßblätter der für den Erkennungsdienst gemessenen Verbrecher (Bertillonage), bei Ausstellung des Jagdscheins, Consens-, Concessions-Ertheilungen, Ordens- und Titelverleihungen, sowie von Land- und Stadtarmenverbänden, Correctionsanstalten, Militär-Ersatzbehörden, Bezirkskommandos, selbstständigen Truppentheilen u. a. m.

Die Kenntniß von der Einrichtung des Strafregisters und dem Wesen desselben dringt aber auch in immer weitere private Kreise der Bevölkerung, was sich unter anderm daraus ergiebt, daß immer häufiger von Privaten, Corporationen, Innungen, Aktiengesellschaften u. s. w. der Versuch gemacht wird, Auskunft aus dem Register zu erlangen. Es ist daher die Besorgniß nicht von der Hand zu weisen, daß gerade der gewiegtere Theil des Verbrecherthums und die intelligenteren Kreise der mit den Strafgesetzen in Conflikt Gerathenden aus dieser Kenntniß Nutzen ziehen und unrichtige Personalangaben machen, um Vorstrafen zu verbergen oder sich für später den Unbescholtenheitsnachweis zu sichern. Derartige Fälle kann ein aufmerksamer Registerführer des öfteren beobachten. Nicht selten ist es noch nachträglich gelegentlich der Feststellung der richtigen Personalien gelungen, derartige beabsichtigte Täuschungen aufzudecken und Bestrafungen wegen intellektueller Urkundenfälschung (Eintragung unter falschem Namen in die Gefangenenbücher) in die Wege zu leiten; in vielen Fällen bleiben aber diese Täuschungen unaufgedeckt. Wenn nicht Vorkehrungen getroffen werden, wird dies Verfahren jedenfalls noch mehr in Anwendung gebracht werden. Giebt der Beschuldigte seinen Geburtsort falsch an und bleiben seine Angaben ungeprüft, so gelangen die Strafnachrichten an eine unzuständige Registerbehörde, während die zuständige in Folge dessen eine unvollkommene Auskunft ertheilen muß; ebenso kann die Registerbehörde keine zutreffende Auskunft geben, wenn sich der Beschuldigte einen falschen Namen beigelegt hat. Schon bei Einrichtung der Register war daher für die Zukunft in Aussicht genommen, die Angaben der Verurtheilten durch die Strafregisterbehörden auf Grund der Geburtsregister prüfen und die Strafnachrichten nur dann in das Register aufnehmen zu lassen, wenn jene Angaben richtig befunden sind. Mit Rücksicht auf die nicht unerheblichen Kosten, die Mehrarbeit und sonstige Schwierigkeiten ist bisher von einer derartigen Maßregel Abstand genommen worden.

Aber abgesehen von den Fällen, in denen die Beschuldigten absichtlich falsche Angaben hinsichtlich des Geburtsortes machen, sind die Fälle nicht minder selten, in denen aus Unkenntniß die Strafnachricht einer unzuständigen Registerbehörde übersandt wird, ohne daß diese in der Lage wäre, dieselbe zurückzuweisen.

Ein sehr großer Theil der Ortsnamen kommt doppelt und mehrfach vor. Wird deshalb nicht schon bei der ersten Vernehmung hinsichtlich der Feststellung der persönlichen Verhältnisse und besonders des Geburtsortes mit der größten Sorgfalt verfahren, so läßt es sich nicht vermeiden, daß immer wieder die Strafnachrichten unzuständigen Registerbehörden übersandt und dort auch vielfach aufbewahrt werden.

Mit Rücksicht auf diese Ausführungen erscheint es daher angezeigt, einer Prüfung der Frage, wie dem gedachten Übelstande am besten und sichersten abzuhelfen, näher zu treten. Wie oben bemerkt, war in Aussicht genommen, die Angaben der Verurtheilten durch die Strafregisterbehörden auf Grund der Geburtsregister prüfen zu lassen, und die Strafnachrichten nur dann in das Register aufzunehmen, wenn jene Angaben richtig befunden sind. In mehreren Bundesstaaten, sowie in den Reichslanden Elsaß-Lothringen (mit diesen ist im Jahre 1871 bereits ein geordnetes Strafregister von Frankreich übernommen) besteht bereits die Einrichtung, daß die Registerbehörden bezüglich jeder eingehenden Strafnachricht die Richtigkeit der Angaben über die Persönlichkeit und den Geburtsort durch Vergleichung mit Standesamts-Nebenregistern und Kirchenbuchs-Duplikaten oder den diesen entsprechenden Registern zu prüfen, nöthigenfalls auch anderweite Ermittelungen anzustellen haben. So einfach dieses Verfahren erscheint, würde die Einführung desselben in Preußen doch mit großen Kosten und Schwierigkeiten verknüpft sein. In vielen Fällen würde die Prüfung durch die Registerbehörden auch zu spät kommen. Bei den Staatsanwaltschaften, die in Preußen mit der Registerführung beauftragt sind, werden Geburtsregister nicht aufbewahrt, es müßten also beim Eingange einer Strafnachricht erst Personalermittelungen angestellt werden. Hat der Verurtheilte einen falschen Geburtsort oder anderweit unrichtige Personalien angegeben, dann würde derselbe, da mit den Feststellungen der Registerbehörde eine geraume Zeit vergehen dürfte, inzwischen in vielen Fällen schon wieder entlassen und nicht mehr zu erreichen sein. Auch das Verfahren, die Personalangaben der Beschuldigten beim Eingange einer Vorstrafenanfrage durch die Registerbehörde feststellen zu lassen, würde nicht mit Erfolg durchzuführen sein, weil in Haft- und Eilsachen zu viel Zeit verloren gehen würde, bis die Auskünfte von den Standesämtern u. s. w. bei den Registerbehörden eingehen, und diese sodann die ersuchenden Behörden von dem Ergebniß in Kenntniß setzen könnten. Um aber die sämmtlichen

Kirchenbuchs-Duplikate und Standesamts-Nebenregister des Bezirks bei der Registerbehörde aufbewahren zu können, müßten erst überall dementsprechende mit großen Kosten verknüpfte Einrichtungen getroffen werden, auch würde eine Anzahl Beamte mehr anzustellen sein.

Einfacher und bei weitem praktischer würde es sein, die Prüfung der Personalangaben durch die strafverfolgenden bezw. diejenigen Behörden vornehmen zu lassen, die das Auskunftsersuchen stellen. Es ist indessen nicht erforderlich, daß in jedem Falle vor Absendung einer Vorstrafenanfrage, die Personalien bereits urkundlich festgestellt sind, in vielen Fällen wird sich diese Feststellung überhaupt erübrigen. Zunächst würde es einer Anordnung bedürfen, daß in dem Protokoll über die verantwortliche gerichtliche oder polizeiliche Vernehmung anzugeben ist, ob die aufgeführten Personalien nur auf den Angaben der Vernommenen beruhen, oder durch Urkunden (Geburts-, Heirathsurkunden, Impfschein, Militärpapiere u. s. w.) bestätigt sind. Die auf freiem Fuße befindlichen Angeschuldigten würden schon in der Ladung aufzufordern sein, Ausweispapiere mitzubringen. Ferner würden die Gerichte und Polizeibehörden anzuweisen sein, die von den Angeschuldigten gemachten Personalangaben aus den bei den betreffenden Behörden aufbewahrten Registern, Urkunden oder Akten zu prüfen und das Ergebniß der Prüfung in dem Protokoll an der eigens dazu bestimmten Stelle zu vermerken. Auf diese Weise würden die Personalien und der Geburtsort in den meisten Fällen von vornherein richtig festgestellt werden, was auch für alle anderen, an Militär-, Polizei- und sonstige Behörden zu gebenden Nachrichten von nicht zu unterschätzender Bedeutung sein würde.

Sind bezüglich solcher Angeschuldigten, deren Personalangaben bisher noch nicht geprüft sind, Vorstrafen zu erfordern, so könnte dies einstweilen unter Abstandnahme von der Prüfung mit Beifügung eines entsprechenden kurzen Vermerks in der Anfrage geschehen. Lautet die Auskunft negativ, oder wird von der Registerbehörde auf Abweichungen in den Personalien von denjenigen der bezüglich derselben Person schon niedergelegten Strafnachrichten aufmerksam gemacht, so würde die Richtigkeit der Personalangaben von der strafverfolgenden Behörde nachträglich urkundlich zu prüfen sein. In jeder Strafnachricht würde von der Strafvollstreckungsbehörde bei Ausfertigung derselben zu vermerken sein, daß und wie die Personalangaben festgestellt sind. Dieser Vermerk wäre von dem Registerführer in die Strafliste zu übertragen. Bei weiter eingehenden Auskunftsersuchen hätte der Registerführer bei Mittheilung der Vorstrafen anzugeben, ob und wodurch die Personalien auf ihre Richtigkeit geprüft sind.

Eine erhebliche Mehrarbeit würde durch das vorgeschlagene Verfahren für die erste Zeit allerdings verursacht, sie würde aber schon in den nächsten Jahren bedeutend nachlassen und in Zukunft sich auf die Strafnachrichten für bisher noch unbestrafte Personen beschränken. In gewissen Fällen sind auch jetzt schon regelmäßig Geburtsurkunden erfordert worden, wohl aber in den wenigsten Fällen ist dies, da es Ausnahmen sind, in den Strafnachrichten zum Ausdruck gebracht worden. Damit dies in Zukunft nicht so leicht übersehen wird, wäre es empfehlenswerth, die Auskunft aus dem Strafregister den Akten vorzuheften und auf derselben eine etwa erfolgte Feststellung des Geburtsortes oder der Personalien sogleich beim Eingange einer diesbezüglichen Nachricht zu vermerken.

Den Verwaltungsbehörden kann es bezüglich der von ihnen ausgehenden Auskunftsersuchen überlassen bleiben, selbst die Richtigkeit des Geburtsortes und der Personalangaben in ihren Anfragen zu prüfen. Zumeist haben diese Behörden auch Ausweispapiere zur Hand.

Gerade bei der in Preußen gewählten Form der Registerführung kommt es darauf an, wem das Register zur Bearbeitnng in die Hände gegeben ist. Der Registerführer hat die eingehenden Nachrichten zu prüfen und an der richtigen Stelle einzuordnen, daß sie jederzeit sicher gefunden werden können; die Zuverlässigkeit des Registers hängt in dieser Hinsicht von seiner gewissenhaften Arbeit ab. Gerade hier ist die peinlichste Ordnung und Genauigkeit, sowie die Kenntniß und strikteste Befolgung der ergangenen Vorschriften ebenso unerläßlich, wie Verständniß und Interesse für die Sache. Eine Nachprüfung seiner Thätigkeit läßt sich, soweit sie sich auf die Führung des Registers bezieht, fast garnicht ausführen und etwaige Versehen kommen vielleicht erst nach Jahren zum Vorschein. Deshalb sollten auch nur erprobte Beamte mit der Führung des Registers beauftragt werden; ebenso ist ein öfterer Wechsel in der Person desselben dem Register nicht förderlich, da es unvermeidlich ist, daß einem neuen Beamten, ehe er eingearbeitet ist und den Bezirk kennt, eine Menge Irrthümer unterlaufen.

Es ist nicht zu verkennen, daß die Arbeit abspannend und zumeist von mehr als reichlichem Umfange ist, aber entschieden irrig wäre die Annahme, daß sie an das Können und die geistigen Fähigkeiten geringere Anforderungen stelle, als es die übrigen Büreau- und Kassengeschäfte thun. Der Registerführer nimmt eben eine ganz eigenartige Stellung hinsichtlich seiner amtlichen Thätigkeit ein. Der Fernstehende ist leicht geneigt, sich ein falsches Bild von derselben zu machen und sie zu unterschätzen. Mögen diese Ausführungen dazu beitragen, mit dieser irrigen Meinung zu brechen.

Abschnitt II.

Von der Feststellung und Registrirung der Vorstrafen vor dem 1. Oktober 1882.

Die Kenntniß des Vorlebens des Beschuldigten war für die Strafrechtspflege auch schon früher von außerordentlicher Bedeutung. Abgesehen von den Fällen, in denen das Gesetz selbst bei Vorbestrafungen wegen gleichartiger Verbrechen und Vergehen (Rückfall) eine härtere Strafe androht, haben Vorbestrafungen an sich auf die Urtheilsfindung und Strafabmessung immer einen gewissen Einfluß ausgeübt. Ja, es sind die Fälle nicht selten, in denen die Feststellung des Vor- und Nichtbestraftseins für die Entschließung, ob überhaupt Anklage zu erheben, entscheidend ist. Es ist daher auf die Kenntniß der Vorstrafen stets hohes Gewicht gelegt worden, in Preußen nachweisbar so lange, als es ein ordentliches Strafverfahren giebt.

Durch **Justiz-Ministerial-Reskript vom 12. September 1838 Jahrbuch Heft 103 S. 227** war deshalb angeordnet, daß bei jedem Gericht, welchem die Führung von Kriminal- und fiskalischen Untersuchungen zustand, Repertorien in alphabetischer Ordnung nach dem Namen der Angeschuldigten über die von ihnen zur Untersuchung gezogenen Personen zu führen waren. Diese Register sollten außer den erforderlichen Personalangaben die bereits wider den Angeschuldigten geführten und die neu eingeleiteten Untersuchungen, die Zeit der Einleitung, sowie Gegenstand, Zeit und Ort des angeschuldigten Verbrechens und den wirklichen Inhalt der ergangenen Erkenntnisse, soweit sie den Angeschuldigten betreffen, enthalten. War die Untersuchung nicht vom persönlichen Richter, sondern im Gerichtsstande des verübten Verbrechens oder der Verhaftung eingeleitet, so hatte das untersuchende Gericht den persönlichen Richter um Mittheilung einer Nachricht darüber, ob der Angeschuldigte bereits in einer Untersuchung befangen gewesen, und wenn dies der Fall war, um Uebersendung eines Auszuges aus seinem Register zu ersuchen, und der erkennende Richter erster Instanz eine Abschrift des entscheidenden Theils des Urtheils dem persönlichen Richter mitzutheilen, um hiernach sein Register zu ergänzen.

Für den Oberlandesgerichtsbezirk Breslau erging zur Ausführung des Reskripts vom 12. September 1838 **unterm 14. Februar 1839**

die vom Justizminister am 26. Februar 1839 genehmigte Instruktion (J.M.Bl. von 1839 S. 91), inhalts welcher das bisherige Repertorium über die anhängigen Untersuchungen mit dem über die zur Untersuchung gezogenen Personen verbunden und somit überhaupt nur ein Repertorium geführt werden sollte. In dieses war jede Untersuchung nach alphabetischer und chronologischer Ordnung, und wenn mehrere Angeschuldigte vorhanden, nach dem Namen des Hauptangeschuldigten einzutragen. Die übrigen Angeschuldigten wurden nacheinander jedoch ohne besondere Nummer aufgeführt. Daneben war noch, um das Auffinden der Mitangeschuldigten zu erleichtern, ein Namensregister zu führen, in welches die Angeschuldigten, und zwar jeder Mitangeschuldigte besonders, nur nach dem Namen und den etwaigen Unterscheidungsmerkmalen von andern Personen gleichen Namens, in alphabetischer Ordnung eingetragen wurden, und in welchem bei jedem Namen auf die laufende Nummer des Repertoriums oder der Generalakten bezüglich der von auswärts eingegangenen Mittheilungen verwiesen wurde.

Das Geschäftsreglement für die Subaltern-Bureaus der königlichen Gerichte vom 3. August 1841. — J.M.Bl. S. 292 —, welches unter Anderm auch Bestimmung über die zu führenden Akten-Register traf, brachte wesentliche Aenderungen hinsichtlich der Kontrolle der Vorbestrafungen nicht; bei den ergangenen Anordnungen verblieb es bis zu der Gerichtsreorganisation am 1. Oktober 1879.

Von den in Folge derselben erlassenen Bestimmungen sind zu erwähnen:

Die Allgemeine Verfügung vom 25. August 1879 betreffend die von den Beamten der Staatsanwaltschaft an andere Behörden zu machenden Mittheilungen. — J.M.Bl. S. 251. —
Beglaubigte Abschrift der Urtheilsformel oder des Strafbefehls war in den Fällen, in welchen wegen Verbrechens, Vergehens oder Uebertretung aus § 361 Nr. 1—8 des Reichs-Strafgesetzbuchs rechtskräftig auf Strafe erkannt worden, an die Staatsanwaltschaft desjenigen Landgerichts zu übersenden, in dessen Bezirk der Wohnort, bei dem Mangel eines solchen, der Aufenthaltsort des Verurtheilten lag.

Die Geschäftsordnung für die Sekretariate der Staatsanwaltschaften bei den Landgerichten vom 2. August 1879. — J.M.Bl. 1879 Nr. 32. —
bestimmte im § 19, wie das Verzeichniß der bestraften Personen zu führen sei.

Es waren darin alle Personen zu verzeichnen, gegen welche nach

Inhalt des Strafprozeßregisters auf Strafe erkannt ist, sowie diejenigen, welche wegen Verbrechens oder Vergehens oder auf Grund des § 361 Nr. 1—8 des Reichs-Strafgesetzbuchs vor einem anderen Gericht bestraft sind, aber ihren Wohnsitz, bei dem Mangel eines solchen, ihren Aufenthaltsort im Bezirk der Landgerichte haben. Vermerke über spätere Bestrafungen waren unter der ersten Eintragung nachzutragen.

Durch

Erlaß vom 22. März 1880. — J.M.Bl. S. 58. —

wurde die vorstehende Bestimmung dahin abgeändert, daß nur die Namen derjenigen Verurtheilten in das Verzeichniß der bestraften Personen aufgenommen werden sollten, welche wegen Verbrechens oder Vergehens bestraft sind.

Die Geschäftsordnung für die Gerichtsschreibereien der Amtsgerichte vom 1. August 1879. — J.M.Bl. 1879 Nr. 32. —

legte im § 35 Absatz 10 den Amtsgerichten die Verpflichtung auf, im Falle der rechtskräftigen Verurtheilung zu Strafe wegen eines Vergehens, beglaubigte Abschrift der Urtheilsformel oder des Strafbefehls der Staatsanwaltschaft des Landgerichts zu übersenden, in dessen Bezirk der Wohnort oder der Aufenthaltsort des Verurtheilten liegt.

Durch die

Allgemeine Verfügung vom 7. Juli 1881. — J.M.Bl. S. 152. —

werden die Gerichtsbehörden angewiesen, bei allen Verurtheilungen wegen eines Verbrechens oder Vergehens die Angabe der zur Feststellung der Identität erforderlichen Personalien, nämlich: des Namens und sämmtlicher Vornamen des Verurtheilten (bei Ehefrauen oder Wittwen auch des Vaternamens), des Standes oder Gewerbes, des zeitigen Wohnortes oder Aufenthalts, des Jahres und Tages der Geburt, des Geburtsortes und der Religion — in die Urtheilsformel aufzunehmen.

Auch nachdem in Folge der Einrichtung der Strafregister die Bestimmung unter Ziffer 1 des Erlasses vom 22. März 1880 — J.M.Bl. S. 58 — und diejenige im letzten Absatze des § 35 der Geschäftsordnung für die Gerichtsschreibereien der Amtsgerichte durch Ziffer 28 der Ausführungsverfügung vom 12. Juli 1882 — J.M.Bl. S. 200 — aufgehoben worden, ist die vorstehende Verfügung vom 7. Juli 1881 fernerhin zu befolgen, da die Kenntniß der Personalien des Verurtheilten für diejenigen Behörden, denen die Staatsanwaltschaft nach den bestehenden Vorschriften Abschrift der Urtheilsformel mitzutheilen hat, insbesondere für die Polizeibehörden von Wichtigkeit ist.

Allgemeine Verfügung vom 10. Januar 1888 — J.M.Bl. S. 10. —

Eine gedrängte Wiedergabe des Inhalts dieser Bestimmungen erschien zweckdienlich, da die alten Register zur Feststellung von Vorstrafen oder zur Ermittelung von Akten noch gebraucht werden können — ihre Vernichtung soll nach der Allgemeinen Verfügung vom 20. Dezember 1896 (J.M.Bl. S. 366) erst nach dem 1. Januar 1927 erfolgen —, und der Mehrzahl der Beamten das ältere Verfahren im großen und ganzen unbekannt sein dürfte. Hierbei sei noch bemerkt, daß die von den Gerichten am 1. Oktober 1879 an die Staatsanwaltschaften abgegebenen Alphabetarien die Namen aller zur Untersuchung gezogenen Personen enthalten, in denselben also auch die Freigesprochenen aufgeführt sind. Mit diesen Alphabetarien sind auch die Generalakten, enthaltend die von anderen Gerichten mitgetheilten Erkenntnisse, an die Staatsanwaltschaften abgegeben. Ist in den Namensregistern auf die Generalakten verwiesen, so kann die erkannte Strafe aus diesen sogleich ermittelt werden, ist nur das Aktenzeichen der Untersuchung angegeben, was immer der Fall sein wird, wenn die Untersuchung bei dem Gericht selbst geführt ist, so muß erst aus dem Kriminal-Repertorium, welches meist bei den Amtsgerichten aufbewahrt wird, festgestellt werden, ob und auf welche Strafe erkannt ist.

Die vom 1. Oktober 1879 bis dahin 1882 bei den Staatsanwaltschaften geführten Verzeichnisse der bestraften Personen weisen nur Verurtheilungen nach, und zwar sind diese, soweit sie von der Strafkammer oder dem Schwurgericht ihres Bezirks ausgesprochen sind, aus dem Strafprozeßregister und den Akten, im Übrigen aus den bei der Staatsanwaltschaft zu Sammelakten genommenen Urtheilen und Strafmittheilungen zu entnehmen.

Die für den ganzen Landgerichtsbezirk zu führenden Verzeichnisse nahmen sehr bald einen derartigen Umfang an, daß die Uebersichtlichkeit verloren ging und die Feststellung der Vorstrafen unverhältnißmäßig viel Zeit in Anspruch nahm und der Zuverlässigkeit entbehrte. Hierzu kam, daß die Strafmittheilungen nur der Staatsanwaltschaft des Wohnsitzes, oder Mangels eines solchen, des letzten Aufenthalts übersandt wurden, es also an einer Sammelstelle hinsichtlich der Strafurtheile solcher Leute fehlte, die ihren Aufenthalt häufig wechselten; bezüglich dieser ließen sich die Vorstrafen mit Sicherheit überhaupt nicht feststellen. Hatten derartige Einrichtungen vor fünfzig Jahren genügt, so erwiesen sie sich dem wachsenden Verkehr gegenüber völlig unzureichend, so daß bald an Abhülfe gedacht werden mußte.

Abschnitt III.

Die in Bezug auf die Führung des Strafregisters ergangenen Bestimmungen.

Die Verordnung des Bundesraths vom 16. Juni 1882
(Centralblatt für das Deutsche Reich Seite 309)

ist an dieser Stelle nicht aufgenommen, da dieselbe unter Berücksichtigung der Abänderungsbestimmungen vom 9. Juli 1896 in einem besonderen Abschnitte (IV) wiedergegeben ist.

In diesem Abschnitte haben sämmtliche in Bezug auf das Strafregister ergangene Verfügungen, nach der Zeitfolge geordnet, Aufnahme gefunden. Insofern jedoch in Bezug auf dieselbe Angelegenheit mehrere Sonderbestimmungen vorliegen, sind diese, der Uebersichtlichkeit halber, hintereinander aufgeführt.

Die Aufnahme dieser zum Theil umfangreichen Verfügungen in die Anmerkungen bezw. Erläuterungen zu den einzelnen Paragraphen der Bundesrathsverordnung (Abschnitt IV) und den Nummern der Ausführungsverfügung (Abschnitt V) erschien aus praktischen Gründen, insbesondere um die Uebersicht nicht zu erschweren, nicht rathsam. Es ist jedoch überall, wo es erforderlich schien, auf die betreffenden Bestimmungen verwiesen.

1. Ausführungsverfügung vom 12. Juli 1882 zu der vom Bundesrath beschlossenen Verordnung, betreffend die Einrichtung von Strafregistern und die wechselseitige Mittheilung der Strafurtheile.

(Just.-Min.-Bl. S. 200.)

Aufgehoben durch die Ausführungsverfügung vom 7. September 1896. Siehe Abschnitt V.

2. Cirkular-Verf. v. 18. 7. 82. — I. 2691. —

Die Beschaffung der für die Justizbehörden erforderlichen, der Verordnung des Bundesraths über die Einrichtung von Strafregistern und die wechselseitige Mittheilung der Strafurtheile beigefügten Formulare A und C wird den Herren Vorstandsbeamten der Königlichen Oberlandesgerichte hierdurch übertragen.

Die zu beschaffenden Formulare müssen mit den beifolgenden Formularen A und C in Bezug auf Größe, Format und Farbe des Papiers genau übereinstimmen.

Von den von den Verwaltungsbehörden zu benutzenden Formularen ist ein Musterexemplar hier gleichfalls beigefügt.

Da es, insbesondere für die Herren Oberstaatsanwälte, von Interesse sein dürfte, von der Einrichtung der in den Reichslanden zur Aufbewahrung der Strafregister benutzten Schränke Kenntniß zu nehmen, so habe ich die Zeichnung eines solchen Schrankes dieser Verfügung beilegen lassen.

3. **Cirkular-Verfügung vom 22. September 1882. — I. 3385. —**

Die Formulare zu den Ersuchen um Auskunftsertheilung über die Vorstrafen einer Person (Formular C), [sowie zu Steckbriefsnachrichten (Formular D). — Cirkular-Verfügung vom 9. September 1896 I. 4960] sind den Amtsanwälten von den Justizbehörden bis auf Weiteres kostenfrei zu liefern.

4. **Ausführungsverfügung vom 28. Dezember 1882. — J.M.Bl. 1883, Seite 2. —**

Die in Gemäßheit der §§ 5, 7 Nr. 2 der Bundesrathsverordnung vom 16. Juni d. J. betreffend die Einrichtung von Strafregistern und die wechselseitige Mittheilung der Strafurtheile dem Reichs-Justizamte von den Landesbehörden zugehenden Postsendungen haben nach § 2 des Gesetzes über die Portofreiheiten vom 5. Juni 1869 (Bundes-Ges.-Bl. S. 141) auf portofreie Beförderung Anspruch und sind demgemäß mit der Bezeichnung „Reichsdienstsache" zu versehen.

5. **Allg. Verfügung vom 19. September 1882. — J.M.Bl. S. 290. —**

Im Anschluß an die Ausführungsverfügung zu der Verordnung des Bundesraths über die Einrichtung von Strafregistern und die wechselseitige Mittheilung der Strafurtheile, vom 12. Juli d. J. (J.M.Bl. S. 200) wird den Justizbehörden der nachstehend abgedruckte Auszug aus den von dem Herrn Kriegsminister unterm 31. Juli d. J. erlassenen, im Armee-Verordnungsblatt S. 166 veröffentlichten Ausführungsbestimmungen zur Kenntnißnahme und Beachtung mitgetheilt.

Auszug.

1. Unter Truppentheil im Sinne des § 6 Absatz 3 der Verordnung sind die Regimenter, die selbstständigen Bataillone (einschließlich der Hessischen Train-Kompagnie) und die Landwehr-Bezirks-Kommandos zu verstehen.

   Zu den Militärbehörden im Sinne des Absatzes 4 a. a. O. zählen die höheren Kommandobehörden, sowie alle übrigen militärischen Behörden, Formationen und Institute; namentlich auch die Festungsgefängnisse, Arbeiterabtheilungen und Festungs-Reserve-Abtheilungen.

2. Die Mittheilungen an die Registerbehörden — Strafnachricht A (vergl. § 8 der Verordnung) — sind in den Fällen des § 6 Abs. 3 daselbst von dem Kommandeur des Truppentheils; in den Fällen des Absatzes 4 daselbst von dem Chef beziehungsweise Vorstande der Militärbehörde; in Ansehung der Militärgefangenen und der Arbeitssoldaten, sowie der Mannschaften der Festungsreserve-Abtheilungen von dem Vorstande beziehungsweise Führer dieser Formationen zu vollziehen.

Die bezeichneten Vorgesetzten haben auch für die rechtzeitige Absendung an die Registerbehörde (§ 7 und § 6 Absatz 1 und 2 der Verordnung) Sorge zu tragen.

6. In der obengedachten Ausführungsverfügung des Herrn Kriegsministers vom 31. Juli 1882 war ferner bestimmt:

3. —
(Jetzt bedeutungslos; siehe 3 und 4 Seite 23).

4. Das für die gedachten Mittheilungen erforderliche Material wird den Truppentheilen bezw. Militär-Behörden von den Militär-Gerichten, welche dieserhalb seitens des General-Auditoriats nähere Weisung erhalten werden, zugehen.

Die Truppentheile bezw. Militär-Behörden haben dieses Material bis zum Eintritt des im § 6 Abs. 1 und 2 der Verordnung vorgeschriebenen Zeitpunkts aufzubewahren, wenn aber vorher die Versetzung bezw. Abkommandirung des Verurtheilten erfolgt, dasselbe mit den Ueberweisungs-Papieren weiter zu geben.

5. Die Ausgaben für Anschaffung der vorgeschriebenen Formulare sind aus den Büreaukosten-Fonds zu bestreiten. Die Formulare werden von der Reichsdruckerei zu dem Preise von 1,50 Mk. für je 100 Stück des Formulars A (§ 8 der Verordnung) und 2,50 Mk. für je 100 Stück des Formulars C (§ 17 Abs. 2 der Verordnung) vorräthig gehalten.

7. **Ausführungsverfügung vom 16. Oktober 1882. — J.M.Bl. S. 313. —**

Im Einverständniß mit den betheiligten Landesregierungen sind zu Strafregisterbehörden bestellt:

1. für das Großherzoglich Oldenburgische Fürstenthum Birkenfeld die Staatsanwaltschaft bei dem Landgericht zu Saarbrücken.
2. für das Fürstenthum Schwarzburg-Sondershausen die Staatsanwaltschaft bei dem Landgericht zu Erfurt.
3. für den Preußischen Kreis Ziegenrück die Staatsanwaltschaft bei dem Landgericht zu Rudolstadt.
4. für die Preußischen Kreise Schleusingen und Schmalkalden die Staatsanwaltschaft bei dem Landgericht zu Meiningen.

8. **Ausführungsverfügung v. 8. Januar 1883. — J.M.Bl. S. 7. —**

Nachstehende in dem Centralblatt für das Deutsche Reich, Jahrgang 1882 Seite 447, abgedruckte Nachweisung wird zur Kenntniß der Justizbehörden gebracht.

Nachweisung derjenigen Behörden, welche auf Grund des § 1 Nr. 1 der Verordnung des Bundesraths vom 16. Juni 1882, — betreffend die Einrichtung von Strafregistern und die wechselseitige Mittheilung der Strafurtheile (Centralbl. S. 309), zur Führung der dort bezeichneten Strafregister von den Regierungen der einzelnen Bundesstaaten bestimmt worden sind.

Königreich Preußen: die Staatsanwaltschaft bei den Landgerichten; für den preußischen Kreis Ziegenrück die Staatsanwaltschaft bei dem Landgericht zu Rudolstadt; für die preußischen Kreise Schleusingen und Schmalkalden die Staatsanwaltschaft bei dem Landgericht zu Meiningen.

Königreich Bayern: die Amtsanwälte.

Königreich Sachsen: die Amtsrichter.

Königreich Württemberg: die Ortsvorsteher jeder Gemeinde.

Großherzogthum Baden: die Amtsgerichte.

Großherzogthum Hessen: die Staatsanwaltschaft bei den Landgerichten.

Großherzogthum Mecklenburg-Schwerin: die Staatsanwaltschaft bei den Landgerichten.

Großherzogthum Sachsen-Weimar: die Staatsanwaltschaft bei den Landgerichten.

Großherzogthum Mecklenburg-Strelitz: die Staatsanwaltschaft bei dem Landgericht zu Neu-Strelitz.

Großherzogthum Oldenburg: a) für den Bezirk des Großherzogthums Oldenburg die Staatsanwaltschaft bei dem Großherzoglichen Landgerichte zu Oldenburg.

b) für den Bezirk des Fürstenthums Lübeck die Staatsanwaltschaft bei dem Landgericht Lübeck.

c) für den Bezirk des Fürstenthums Birkenfeld die Staatsanwaltschaft bei dem Königlich preußischen Landgericht zu Saarbrücken.

Herzogthum Braunschweig-Lüneburg: die Staatsanwaltschaft bei den Landgerichten.

Herzogthum Sachsen-Meiningen: a) für die Bezirke der Amtsgerichte Meiningen, Salzungen, Wasungen, Themar, Römhild, Hildburghausen, Heldburg, Eisfeld, Schalkau, Sonneberg und Steinach die Staatsanwaltschaft bei dem Landgericht zu Meiningen.

b) für die Bezirke der Amtsgerichte Saalfeld, Gräfenthal, Pößneck, Camburg und Kranichfeld die Staatsanwaltschaft bei dem Landgericht zu Rudolstadt.

Herzogthum Sachsen-Altenburg: die Staatsanwaltschaft bei dem Landgerichte.

Herzogthum Sachsen-Koburg-Gotha: die Staatsanwaltschaft bei den Landgerichten.

Herzogthum Anhalt: der Herzogliche Erste Staatsanwalt in Dessau.

Fürstenthum Schwarzburg-Sondershausen: die Staatsanwaltschaft bei dem Landgericht zu Erfurt.

Fürstenthum Schwarzburg-Rudolstadt: die Staatsanwaltschaft bei dem Landgericht zu Rudolstadt.

Fürstenthum Waldeck und Pyrmont: die Staatsanwaltschaft bei den Landgerichten.

Fürstenthum Reuß älterer Linie: die Staatsanwaltschaft bei dem Landgerichte zu Greiz.

Fürstenthum Reuß jüngerer Linie: die Staatsanwaltschaft bei den Landgerichten.

Fürstenthum Schaumburg-Lippe: die Staatsanwaltschaft bei dem Landgerichte zu Bückeburg.

Fürstenthum Lippe: die Staatsanwaltschaft bei dem Landgerichte zu Detmold.

Freie und Hansestadt Lübeck: die Staatsanwaltschaft bei dem Landgerichte zu Lübeck.

Freie Hansestadt Bremen: der Amtsanwalt bei dem Amtsgerichte Bremen.

Freie und Hansestadt Hamburg: die Staatsanwaltschaft bei dem Landgericht Hamburg.

Elsaß-Lothringen: die Gerichtsschreibereien der Landgerichte.

9. Aus Anlaß des Inkrafttretens der Militärstrafgerichtsordnung vom 1. Dezember 1898 (R.G.Bl. S. 1189 ff.), welcher Zeitpunkt durch Kaiserliche Verordnung vom 28. Dezember 1899 auf den 1. Oktober 1900 festgesetzt ist, sind durch Verfügung des Kriegsministeriums vom 2. Januar 1900 (Armee-Verordnungs-Blatt S. 7 ff.) Ausführungs-Bestimmungen zur Militärstrafgerichtsordnung ergangen, von denen für das Strafregister die folgenden in Betracht kommen:

Zu § 450.

1. Jedes rechtskräftige Strafurtheil muß dem Truppentheile (der Dienst- bezw. Verwaltungsbehörde des Angeklagten) unter Beifügung der Akten zugehen und ist nach unten bekannt zu geben, soweit es erforderlich erscheint. Der Gerichtsherr bestimmt, welchen vorgesetzten Kommandostellen des Truppentheils Urtheil und Akten außerdem mitzutheilen sind.
2. War der Antrag auf Untersuchung von einer Civilbehörde ausgegangen, so ist ihr von dem Ausfalle der rechtskräftigen Entscheidung Nachricht zu geben.
3. Im Uebrigen wird auf die Bundesrathsbeschlüsse vom 16. Juni 1882[1] (Armee-Verordnungs-Blatt Seite 137 ff.) und vom 9. Juli 1896[2] (Armee-Verordnungs-Blatt Seite 249 ff.), betreffend die Führung von Strafregistern, verwiesen.

   In den im § 2 des Bundesrathsbeschlusses vom 16. Juni 1882 erwähnten Fällen erfolgt die Mittheilung einer militärgerichtlichen Verurtheilung an die Registerbehörde (vergl. kriegsministerielle Verfügungen vom 20. Dezember 1882,[3] Armee-Verordnungsblatt Seite 218/219, und vom 11. August 1883,[4] Armee-Verordnungs-Blatt Seite 147) durch die unter Ziffer 1 und 2 der kriegsministeriellen Verfügung vom 31. Juli 1882[5] (Armee-Verordnungs-Blatt Seite 166) bezeichneten Truppentheile und Militärbehörden, und zwar sobald für den Verurtheilten der Militärgerichtsstand gänzlich aufhört oder sobald der Verurtheilte in das Beurlaubtenverhältniß übergeführt bezw. wieder übergeführt wird (§ 6 des Bundesrathsbeschlusses vom 16. Juni 1882).

   Das für diese Mittheilungen erforderliche Material erhalten die Truppentheile u. s. w. durch die Gerichtsherren.

   Es ist dafür zu sorgen, daß alles für die Mittheilung an die Registerbehörde Erforderliche schon im Laufe des Verfahrens aktenmäßig festgestellt wird.
4. Die vom Gerichtsherrn und Kriegsgerichtsrathe zu fassenden Beschlüsse, durch die ein Abwesender für fahnenflüchtig erklärt oder dessen Vermögen mit Beschlag belegt wird (§ 360), sind in die Strafregister nicht einzutragen.

[1] Siehe Abschnitt IV.
[2] Siehe Abschnitt IV.
[3] Die Nachweisung derjenigen Behörden, welche zur Führung der Strafregister in den einzelnen Bundesstaaten bestimmt worden sind, ist Seite 21—23 abgedruckt.

[4] **10. Verfügung des Kriegsministeriums vom 11. August 1883.**

Im Anschluß an die in Nr. 22 des Armee-Verordnungsblattes für 1882 (Seite 218) publizirte Nachweisung derjenigen Behörden, welche auf Grund des § 1 Nr. 1 der Verordnung des Bundesraths vom 16. Juni 1882, betreffend die Einrichtung von Strafregistern und die wechselseitige Mittheilung der Strafurtheile, zur Führung der dort bezeichneten Strafregister von den Regierungen der einzelnen Bundesstaaten bestimmt worden sind, wird der Armee hierdurch bekannt gemacht, daß

für die dem Bezirk des Königlich Preuß. Amtsgerichts zu Lippstadt angeschlossenen Theile des Fürstlich Lippischen Staatsgebiets (Amt Lipperode und Stift Cappel): die Staatsanwaltschaft bei dem Landgerichte zu Paderborn,

für das Fürstenthum Waldeck: die Staatsanwaltschaft bei dem Landgerichte zu Cassel,

und für das Fürstenthum Pyrmont: die Staatsanwaltschaft bei dem Landgerichte zu Hannover

als Behörde zur Führung des Strafregisters bestellt worden sind.

[5] Vorstehend Seite 20/21 abgedruckt.

11. Ausführungsverfügung vom 10. Juli 1883. — J.M.Bl. S. 237. —

Im Einverständniß mit der Fürstlich Lippischen Regierung ist für die dem Bezirke des Amtsgerichts zu Lippstadt angeschlossenen Theile des Lippischen Staatsgebietes (Amt Lipperode und Stift Cappel) die Staatsanwaltschaft bei dem Landgericht zu Paderborn als Registerbehörde bestellt worden.

12. Allgemeine Verfügung vom 19. April 1883, betreffend die Mittheilung der Strafurtheile. — J.M.Bl. S. 127. —

Wiederholt sind in letzter Zeit Mittheilungen von Strafurtheilen gegen Personen, deren Geburtsort außerhalb des Reichsgebiets belegen ist, seitens der Justizbehörden dem Auswärtigen Amte des Deutschen Reiches eingesandt worden. Das Register über die rechtskräftigen Verurtheilungen in Strafsachen bezüglich der bezeichneten Personen wird jedoch in Gemäßheit der §§ 1 u. 7 Ziffer 2 der Verordnung des Bundesraths vom 16. Juni 1882, betreffend die Einrichtung von Strafregistern und die wechselseitige Mittheilung der Strafurtheile, nicht bei dem Auswärtigen Amte, sondern bei dem Reichsjustizamte geführt, die Justizbehörden werden deshalb daran erinnert, die in Rede stehenden Mittheilungen stets an das Reichsjustizamt gelangen zu lassen.

— —

Die weiteren Bestimmungen dieser Verfügung sind jetzt bedeutungslos. Siehe Allgemeine Verfügung vom 30. Juni 1888. — J.M.Bl. S. 167. — Abgedruckt Seite 30.

13. Allgemeine Verfügung vom 20. März 1884, betreffend die Mittheilung der Strafurtheile. — J.M.Bl. S. 58. —

Dem Auswärtigen Amte des Deutschen Reiches sind seitens der Justizbehörden wiederholt Auszüge aus Urtheilen gegen in Oesterreich-Ungarn geborene Personen ohne Begleitschreiben eingesandt worden. Dieselben waren nicht zur Uebermittelung an die Kaiserlich und Königlich Oesterreich-Ungarische Regierung, mit welcher übrigens der wechselseitige Austausch der von den

Gerichten des einen Staates gegen Angehörige des andern Landes ergehenden Strafurtheile nicht vereinbart ist, sondern zur Aufnahme in das bei dem Reichsjustizamt geführte Strafregister über diejenigen Personen bestimmt, deren Geburtsort außerhalb des Reichsgebietes belegen ist.

Unter Bezugnahme auf die allgemeine Verfügung vom 19. April 1883 (J.M.Bl. S. 127) werden deshalb die Justizbehörden wiederholt darauf aufmerksam gemacht, daß das Strafregister bezüglich der bezeichneten Personen bei dem Reichsjustizamt geführt wird, und daß die für dieses Register bestimmten Strafnachrichten nicht an das Auswärtige Amt, sondern unmittelbar an das Reichsjustizamt zu richten sind (§ 7 der Verordnung des Bundesraths v. 16. 6. 82).

14. Cirkular-Verfügung vom 5. Juli 1886. I. 1000.

Es ist als ein Mißstand bezeichnet worden, daß die Strafnachrichten bei dem Herausnehmen aus den Fächern des Registerschranks und ebenso bei dem Hineinschieben in die Fächer durch die scharfen Kanten der Seitenwände beschädigt (abgestoßen und eingerissen) werden. Um solche Beschädigungen zu vermeiden, werden bei der Staatsanwaltschaft des Landgerichts I Berlin die Strafnachrichten in Pappkästen aufbewahrt, welche der Größe der Schrankfächer entsprechen. Die Kästen sind, um das Aufsuchen und Ordnen der Schriftstücke zu erleichtern, so eingerichtet, daß, sobald der Deckel abgenommen wird, zwei Seitenwände derselben niederfallen.

Da diese Einrichtung sich bewährt hat, so ersuche ich Ew. 2c. dieselbe auch für die Registerbehörden des dortigen Bezirks einzuführen. Die Staatsanwaltschaft bei dem Landgericht I hierselbst ist angewiesen, auf Ersuchen einen Probekasten zu übersenden.

Zugleich nehme ich Veranlassung, darauf aufmerksam zu machen, daß es durchaus nothwendig ist, zu den Strafnachrichten festes, haltbares Papier zu verwenden und Größe und Format derselben genau dem vorgeschriebenen Muster anzupassen. *Die Abnahme nicht vorschriftsmäßiger Formulare ist zu verweigern.*

15. Cirkular-Verfügung vom 4. April 1887. I. 1143.

Zur Ausführung des § 16 der Verordnung des Bundesraths vom 16. Juni 1882 werden nachstehende Anordnungen getroffen:

1. Die Gerichtsschreiber bei den Landgerichten und Amtsgerichten und die Sekretäre der Staatsanwaltschaften bei den Landgerichten haben, wenn ihnen der Tod einer bestraften Person, von deren Verurtheilung nach den bestehenden Vorschriften die Registerbehörde Nachricht erhalten haben muß, glaubhaft bekannt geworden ist, hierüber eine Anzeige zu erstatten und dem Richter oder Staatsanwalt vorzulegen. Der letztere hat die Anzeige in Bezug auf ihre Richtigkeit und Vollständigkeit zu prüfen und demnächst der Registerbehörde mitzutheilen.
2. Die Anzeige erfolgt:
   a) wenn der Tod im Laufe eines bei Gericht anhängigen Strafverfahrens eintritt, durch den Gerichtsschreiber,
   b) wenn der Tod während Verbüßung einer Freiheitsstrafe eintritt, durch den Bureaubeamten der Strafvollstreckungsbehörde,

c) in allen anderen Fällen durch denjenigen Bureaubeamten, welchem die Führung der Akten übertragen ist, bei denen sich die Sterbeurkunde oder ein anderer glaubhafter Nachweis des Todes befindet.

Eure ... ersuche ich, gefälligst die ihnen unterstellten Beamten hiernach mit Anweisung zu versehen.

16. **Cirkular-Verfügung des Justiz-Ministers vom 19. April 1887. I. 1427.**

Aus den mir über die Thätigkeit der Strafregisterbehörden erstatteten Jahresberichten habe ich ersehen, daß die Einrichtung der Strafregister sich im Allgemeinen bewährt und nicht nur für die Zwecke der Strafrechtspflege und Sicherheitspolizei, sondern auch für die Interessen der Militärbehörden, der Armenverbände und verschiedener Behörden der allgemeinen Staatsverwaltung mit Erfolg benutzt wird. Die Prüfung der Vorschläge, welche in den Berichten für eine weitere Nutzbarmachung der Strafregister und für Beseitigung hervorgetretener Mängel gemacht worden sind, giebt mir zu nachstehenden Bemerkungen Anlaß:

I. Ueber die Anfertigung und Mittheilung der Strafnachrichten.

1. Die Klagen über ungenügende Beachtung der über Größe, Farbe und Inhalt der Formulare gegebenen Bestimmungen werden durch allgemeine, die bestehenden Vorschriften wiederholende Verfügungen nicht vollständig beseitigt werden. Es ist Sache der Staatsanwaltschaft, die Befolgung der getroffenen Anordnungen, namentlich der über Rücksendung unrichtiger Strafnachrichten bestehenden Vorschriften sorgfältig zu überwachen und in den dazu geeigneten Fällen die Hülfe der Aufsichtsbehörden in Anspruch zu nehmen. Da das vorschriftswidrige Verfahren in vielen Fällen auf mangelndem Verständniß beruhen wird, so empfiehlt es sich, die betheiligten Beamten auf die Nothwendigkeit der Gleichförmigkeit besonders hinzuweisen.
2. In einigen Bezirken werden zum Zwecke der Feststellung der persönlichen Verhältnisse des Beschuldigten an die Polizeibehörden formularmäßige Ersuchen gerichtet, welche dem Inhalte des Formulars A und der Zählkarte entsprechen. Da sich dies Verfahren bisher bewährt hat, so wird zu prüfen sein, ob dasselbe nicht allgemein zur Anwendung gebracht werden kann.
3. Besondere Sorgfalt ist darauf zu richten, daß unrichtige Beurkundungen vermieden werden. Gelingt es nicht, die Persönlichkeit und den Geburtsort des Angeschuldigten festzustellen, so ist der Geburtsort als unbekannt zu bezeichnen und die Strafnachricht dem Reichsjustizamt zu übersenden. Entbehren die Angaben der Zuverlässigkeit, so müssen die Mängel in der Strafnachricht hervorgehoben werden.

   Zur genaueren Bezeichnung des Geburtsorts wird in einigen Bezirken neben der Gemeinde (Sp. 8 des Formulars A) auch der Kreis, falls derselbe bekannt ist, angegeben. Ich halte dies Verfahren für sehr zweckmäßig und wünsche, daß dasselbe allgemein zur Anwendung kommt.
4. Eine Aenderung der Strafnachrichten oder eine Erweiterung der in das Register aufzunehmenden Strafnachrichten ist zur Zeit nicht in Aussicht

genommen. Auch dem Vorschlage, bei Vergehen mit besonderer Rückfallstrafe den Zeitpunkt der Verübung der That und den des Beginns der Strafverbüßung in die Strafnachricht aufzunehmen, soll vorläufig keine Folge gegeben werden, weil, wie von anderer Seite zutreffend bemerkt wird, durch eine solche Anordnung in vielen Fällen entweder die Ertheilung der Strafnachricht verzögert oder die Nachsendung einer Mittheilung über den Strafantritt nothwendig werden würde. Auch kann der Ansicht nicht beigetreten werden, daß bei Annahme des Vorschlags die Einsichtnahme der Vorakten durch den Registerauszug entbehrlich gemacht werde.

5. Daß über Vorstrafen, welche die Registerbehörde nach der bei den Akten befindlichen Auskunft bereits registrirt hat, nicht nochmals Mittheilungen zu machen sind, ist zwar selbstverständlich. Da jedoch nach den Berichten noch Fälle einer wiederholten Mittheilung vorkommen, so wird zu prüfen sein, ob den Gerichtsschreibern und Sekretären hierüber eine Eröffnung zu machen ist.

   Aus dem Formular A und den unter Nr. 7 der Ausführungsverfügung getroffenen Bestimmungen ergiebt sich, daß auch für die auf der Rückseite der Strafnachrichten verzeichneten Urtheile Aktenzeichen anzugeben sind. Soweit hierüber Zweifel bestehen, sind die Beamten mit entsprechender Anweisung zu versehen.

6. Die Strafnachrichten sind unter Briefumschlag zu versenden und zum Zwecke der Einlegung in den Umschlag nur einmal zusammenzufalten. Werden dieselben ohne Benutzung eines Umschlags zusammengelegt, und mit einer Oblate verschlossen, so ist ihre Beschädigung beim Oeffnen des Verschlusses nicht zu vermeiden. Das durch den Gebrauch zu kleiner Briefumschläge veranlaßte mehrfache Zusammenfalten der Strafnachrichten erschwert deren ordnungsmäßige Aufbewahrung.

7. In einem anderen Bundesstaate ist angeordnet, daß Amtsgerichte und Amtsanwälte, welche wegen Mangels eines Ortsverzeichnisses für das Deutsche Reich in einzelnen Fällen die Registerbehörde nicht ermitteln können, das bis auf die Bezeichnung des Amtssitzes der Registerbehörde vollständig ausgefertigte Ersuchen um Auskunftsertheilung (Form. C) dem Sekretariat der vorgesetzten Staatsanwaltschaft unter Umschlag übersenden und daß das Sekretariat die Vervollständigung und demgemäß die Absendung des Ersuchens an die Registerbehörde bewirkt. Es ist zu prüfen, ob das Bedürfniß zum Erlaß einer solchen Anordnung auch für Preußische Amtsgerichte und Amtsanwälte hervorgetreten ist.

II. Thätigkeit der Registerbehörden.

8. Bei der Auskunftsertheilung sind auch die in den Verzeichnissen der bestraften Personen (Nr. 27 der Ausführungs-Verfügung) aufgeführten Verurtheilungen anzugeben. Um ein mehrmaliges Aufsuchen dieser Vorstrafen zu vermeiden, ist Abschrift der ersten Auskunftsertheilung in den Registerschrank aufzunehmen.

9. Die Auskunftsertheilung muß sich nach § 17 der Verordnung des Bundesraths auf sämmtliche der Registerbehörde mitgetheilten Verurtheilungen erstrecken.

10. In den Berichten wird hervorgehoben, daß die Zahl der Strafnachrichten schnell und stetig anwachse, weil dieselbe durch neue Eingänge vermehrt, durch Herausnahme älterer Strafnachrichten aber nur wenig vermindert werde. Es sei daher eine Ueberfüllung der Register theilweise schon jetzt eingetreten, jedenfalls aber für die Zukunft unvermeidlich. Das übermäßige Anwachsen der Bestände erschwere deren Durchsicht, vermehre die Arbeit und vermindere die Sicherheit, daß von den Registerbeamten ausnahmslos eine vollständige und richtige Auskunft ertheilt werde.

Ich erachte diese Bemerkungen im Wesentlichen für zutreffend und halte es für geboten, Maßnahmen zu treffen, welche geeignet sind, die mit einer zu großen Ausdehnung der Register verbundene Gefahr der Schwerfälligkeit und Unzuverlässigkeit zu vermeiden. Maßnahmen dieser Art könnten in verschiedener Weise und nach verschiedenen Richtungen hin getroffen werden.

— —

Im Oberlandesgerichtsbezirk Celle ist im Anschluß hieran die Cirkular-Verfügung vom 13. Juni 1887 ergangen.

---

17. *) Allgemeine Verfügung vom 6. Oktober 1887, betreffend die Benutzung der Strafregister zur Ermittelung steckbrieflich verfolgter Personen. — J.M.Bl. S. 272. —

Um die Strafregister zur Ermittelung steckbrieflich verfolgter Personen nutzbar zu machen, werden im Anschluß an die Ausführungsverfügung vom 12. Juli 1882 die nachstehenden Anordnungen getroffen:

I. Thätigkeit der ersuchenden Behörde.

1. Die Strafregister können zur Ermittelung steckbrieflich verfolgter Personen, deren Geburtsort bekannt und im Bezirk einer Preußischen Registerbehörde belegen ist, benutzt werden.
2. Die Behörde, welche einen Steckbrief erläßt (verfolgende Behörde), hat, wenn sie von dieser Befugniß Gebrauch machen will, der Registerbehörde, in deren Bezirk der Geburtsort der verfolgten Person gelegen ist, Nachricht zu geben.
3. Zu der Benachrichtigung ist ein Formular nach anliegendem Muster zu benutzen. Zu demselben ist Papier von rother Farbe zu verwenden. Für Größe und Format ist Formular A maßgebend.

   Die bisher zu Steckbriefsnachrichten benutzten Formulare können aufgebraucht werden, wenn sie in Bezug auf Größe, Format und Farbe des Papiers mit dem vorgeschriebenen Muster genau übereinstimmen.
4. Führt die steckbrieflich verfolgte Person befugter oder unbefugter Weise mehrere Familiennamen, so ist auf jeden Namen eine besondere Steckbriefsnachricht, unter ausdrücklicher Verweisung auf die andere Steckbriefsnachricht, aufzustellen und abzusenden. Bei der Anfertigung von

---

*) Aufgehoben durch Ausf.-Verf. v. 7. 9. 96. Siehe Abschnitt V. Der Runderlaß vom 24. 4. 97, abgedruckt Seite 93, nimmt jedoch Bezug auf diese Vorschriften, weshalb dieselben hier zum Abdruck gelangen.

Steckbriefsnachrichten für Frauen kommen die Bestimmungen unter Nr. 11 der Ausführungs-Verfügung vom 12. 7. 82 zur Anwendung.

5. Wird der Steckbrief durch Ergreifung der verfolgten Person, durch Zurücknahme oder auf andere Weise erledigt, so ist der Registerbehörde hiervon sogleich Mittheilung zu machen.

II. Geschäfte der Registerbehörde.

6. Auf die Behandlung und Verwahrung der Steckbriefsnachrichten finden die für die Strafnachrichten gegebenen Vorschriften (Nr. 12 bis 18 der Ausführungs-Verfügung vom 12. 7. 82) und nachstehende Bestimmungen (Nr. 7 bis 13) Anwendung.

7. Der Sekretär der Registerbehörde hat unmittelbar nach dem Eingange der Steckbriefsnachricht zu prüfen, ob Strafnachrichten über die verfolgte Person vorhanden sind.

8. Ergiebt sich hiernach, daß die verfolgte Person zur Zeit eine Freiheitsstrafe verbüßt, oder ist sonst deren Aufenthaltsort bekannt geworden, so hat die Registerbehörde die verfolgende Behörde hiervon zu benachrichtigen. Wenn der Aufenthalt nicht bekannt ist, sich aber nach dem Inhalt der Strafnachrichten, den in letzter Zeit eingegangenen Ersuchen um Auskunft oder aus anderen der Registerbehörde bekannt gewordenen Thatsachen vermuthen läßt, daß an anderer Stelle der Aufenthalt der gesuchten Person bekannt sei, so ist der verfolgenden Behörde, der diese Vermuthung begründende Sachverhalt mitzutheilen.

9. Die Steckbriefsnachricht ist, wenn der Fall der Nr. 8 nicht vorliegt, vorläufig aufzubewahren. Geht später von einer anderen Behörde eine Strafnachricht oder ein Ersuchen um Auskunftsertheilung ein, so ist der Behörde, welche den Streckbrief erlassen hat, hiervon Mitheilung zu machen. Beim Eingang einer von einer anderen Behörde ertheilten Steckbriefsnachricht ist einer jeden verfolgenden Behörde die andere verfolgende Behörde zu bezeichnen.

10. Die Mittheilungen erfolgen in der Form einer von dem Sekretär unter Bezugnahme auf die Steckbriefsnachricht zu erstattenden Anzeige. Ist der Aufenthalt der gesuchten Person bekannt, so ist die Anzeige auf die Rückseite der Steckbriefsnachricht zu setzen. Die Anzeigen sind der verfolgenden Behörde ohne Anschreiben unter Briefumschlag zu übersenden.

11. Gehört der Geburtsort zu dem Bezirk einer anderen Registerbehörde, so ist die Steckbriefsnachricht an diese abzugeben (Nr. 15 der Ausführungs-Verfügung vom 12. 7. 82) und der verfolgenden Behörde hiervon Mittheilung zu machen.

12. Die Steckbriefsnachrichten werden weder in das Tagebuch noch in das Notizbuch eingetragen.

13. Die Vernichtung der Steckbriefsnachrichten erfolgt, wenn eine Mittheilung über Erledigung des Steckbriefs eingeht oder wenn seit der Niederlegung drei Jahre verflossen sind. Die zu vernichtenden Steckbriefsnachrichten sind bei der vorgeschriebenen Durchsicht der Registerfächer auszusondern.

14. Gehen von Militärbehörden oder Polizeibehörden Steckbriefsnachrichten ein, so sind dieselben in gleicher Weise wie die Steckbriefsnachrichten der Justizbehörden zu behandeln.

18. *) Allgemeine Verfügung vom 21. Februar 1888 die Strafregister betreffend. — J.M.Bl. S. 46. —

Nach § 8 der Verordnung des Bundesraths vom 16. Juni 1882, betreffend die Einrichtung von Strafregistern und die wechselseitige Mittheilung der Strafurtheile, sind für die in den §§ 2 und 3 dieser Verordnung bezeichneten Strafnachrichten — A und B — bestimmte Formulare vorgesehen, für deren Größe und Format die der Verordnung beigegebenen Musterformulare maßgebend sein sollen. Die Größe dieser Musterformulare ist nach einer Mittheilung des Herrn Staatssekretärs des Reichsjustizamts neuerdings auf 192 Millimeter Breite und 255**) Millimeter Höhe der betreffenden Quartblätter festgestellt worden; es sind daher für die Strafnachrichten (A und B) und für die durch die allgemeine Verfügung vom 6. Oktober 1887 (J.M.Bl. S. 272) zur Einführung gelangten Steckbriefsnachrichten (D) in Zukunft nur Formulare der bezeichneten Größe zu benutzen.

Hierbei nehme ich Veranlassung, darauf hinzuweisen, daß für jene Formulare die Verwendung besonders starken Papiers geboten erscheint und daß die Namen der verurtheilten oder verfolgten Personen in den Straf- und Steckbriefsnachrichten möglichst genau und deutlich zu schreiben sind.

— —

---

19. Cirkular-Verfügung vom 19. Juni 1889. I. 2255.

Für die nach Formular C ergehenden Ersuchungsschreiben ist das Erforderniß zur Verwendung besonders starken Papiers nicht vorhanden, vielmehr ist für diese Formulare die Verwendung schwächeren Papiers wünschenswerth, damit bei der Versendung eines solchen Formulars in einem gewöhnlichen Kouvert das für einfaches Porto zulässige Maximalgewicht von 15 (jetzt 20) Gramm nicht überschritten werde.

20. Allgemeine Verfügung vom 30. Juni 1888, — betreffend die Mittheilung von Strafnachrichten an ausländische Regierungen. — J.M.Bl. S. 167. —

An Stelle der Vorschrift unter Ziffer 17 der allgemeinen Verfügung vom 25. August 1879, betreffend die von den Beamten der Staatsanwaltschaft an andere Behörden zu machenden Mittheilungen, treten vom 1. Juli 1888 ab die nachfolgenden Bestimmungen:

1. In denjenigen Strafsachen, in welchen gegen einen Saatsangehörigen von Belgien, Brasilien, Italien, Luxemburg, der Schweiz oder Spanien wegen eines Verbrechens oder Vergehens rechtskräftig auf Strafe erkannt worden ist, soll nach den mit den genannten Staaten abgeschlossenen Auslieferungsverträgen der auswärtigen Regierung die Verurtheilung auf diplomatischem Wege mitgetheilt werden. Eine gleiche Mittheilung ist auch dann zu erstatten, wenn die Verurtheilung des Angehörigen eines der erwähnten Staaten ,wegen einer Uebertretung gegen § 361 Nr. 1—8 des Strafgesetzbuchs stattgefunden hat.

   Die Mittheilung erfolgt mittels Uebersendung einer Strafnachricht (vergl. Ziffer 3 und 4).

---

*) Aufgehoben durch die Ausführungsverfügung vom 7. 9. 96. Siehe Abschnitt V.
**) Unter Berücksichtigung der Berichtigung S. 58. J.M.Bl. von 1888.

2. Mit anderen Regierungen als denen der unter 1 bezeichneten Staaten findet ein regelmäßiger Austausch von Strafnachrichten nicht statt. Es ist daher von der Einsendung von Strafnachrichten zur Mittheilung an solche anderen Regierungen abzusehen, oder wenn solche Mittheilung sich ausnahmsweise zu empfehlen scheint, der Grund hierfür bei Einreichung der Strafnachricht (vergl. Ziffer 4 b) darzulegen.
3. Die Aufstellung der einer ausländischen Regierung mitzutheilenden Strafnachricht (Ziffer 1 und 2) ist von demjenigen Beamten, welchem die Aufstellung der für das inländische Strafregister auszufertigenden Strafnachricht obliegt (vergl. Ziffer 4 der allg. Verf. v. 12. 7. 82 J.M.Bl. S. 200), in der Weise zu bewirken, daß er neben der letzteren nach demselben Formular (Strafnachricht A) eine zweite zur Mittheilung an die ausländische Regierung bestimmte Strafnachricht ausfertigt.

Das Formular ist dabei in gleicher Weise auszufüllen, wie bei der für das inländische Strafregister bestimmten Strafnachricht, mit folgenden Maßgaben jedoch:

a) in der Spalte 2 ist der ausländische Ort, für dessen Strafregister die Strafnachricht bestimmt ist, nicht anzugeben, sondern nur neben dem hierfür offen zu lassenden Raum das betreffende Land in einer Klammer zu bezeichnen, so daß diese Spalte beispielsweise lautet:

2.
Strafnachricht (A) für das Strafregister zu .... (Belgien).

b) in der Spalte 8 sind in dem Worte „Landgerichtsbezirk" die drei ersten Silben (Landgerichts) zu durchstreichen, so daß nur das Wort „Bezirk" stehen bleibt;

c) in der Spalte 12 (Bemerkungen) ist anzugeben, welche Staatsangehörigkeit der Verurtheilte besitzt und, wenn derselbe Schweizer ist, zugleich der Heimathskanton und die Heimathsgemeinde desselben in folgender Form zu vermerken:

Heimath { Kanton . . . .
Gemeinde . . .

Da die Heimathsgemeinde in der Schweiz mit dem Geburtsort nicht immer übereinstimmt, sind Verurtheilte, welche die schweizerische Staatsangehörigkeit besitzen, nach ihrer Heimathsgemeinde besonders zu befragen.

Andere Bemerkungen sind in die Spalte 12 in der Regel nich aufzunehmen;

d) in der unteren rechten Ecke des Formulars ist der Unterschrift des Beamten, welche unter die Worte: „Die Richtigkeit bescheinigt" zu setzen ist, das Amtssiegel beizudrücken.

4. Die Beförderung der behufs Mittheilung an eine ausländische Regierung aufgestellten Strafnachricht (Ziffer 3) ist von derjenigen Behörde zu bewirken, welcher die Mittheilung der für das inländische Strafregister

aufgestellten Strafnachricht obliegt (vergl. Ziffer 4 d. allg. Verf. v. 12. 7. 82 J.M.Bl. S. 200) und zwar:

a) wenn die Verurtheilung einen Angehörigen eines der unter 1 genannten Staaten betrifft, dessen Geburtsort außerhalb des Reichsgebiets belegen oder nicht zu ermitteln ist, in der Weise, daß die für die ausländische Regierung bestimmte Strafnachricht der dem Reichsjustizamt für das bei letzterem geführte Strafregister einzusendenden Strafnachricht einfach (unter Umschlag, ohne Anschreiben) beigefügt wird;

b) wenn die Verurtheilung einen innerhalb des Reichsgebiets geborenen Angehörigen eines der unter 1 bezeichneten Staaten betrifft, oder wenn die Mittheilung einer Strafnachricht an einen anderen Staat sich ausnahmsweise zu empfehlen scheint (vergl. Ziffer 2) in der Weise, daß die für die ausländische Regierung bestimmte Strafnachricht dem Justizminister mittels Berichts — eventuell unter Darlegung des Grundes, weshalb sich die Mittheilung ausnahmsweise empfiehlt —, eingereicht wird.

21. Allgemeine Verfügung vom 9. November 1889, — betreffend die Mittheilung von Strafnachrichten an ausländische Regierungen. — J.M.Bl. S. 268. —

In Ergänzung der allgemeinen Verfügung vom 30. Juni 1888, betreffend die Mittheilung von Strafnachrichten an ausländische Regierungen, wird Folgendes bestimmt:

Für die gegen einen Staatsangehörigen von Belgien, Brasilien, Italien, Luxemburg, der Schweiz oder Spanien ergangenen Verurtheilungen wegen solcher Vergehen, bezüglich deren gemäß § 2 Abs. 2 der Verordnung des Bundesraths vom 16. Juni 1882 (J.M.Bl. S. 207) die Aufstellung von Strafnachrichten für das Inland unterbleibt, ist in Zukunft ebenfalls eine Strafnachricht anzufertigen. Zu derselben ist das für die Strafnachrichten bestimmte Formular A mit den für die Mittheilung an das Ausland in Ziffer 3 der allgemeinen Verfügung vom 30. Juni 1888 vorgeschriebenen Abänderungen zu benutzen.

Die Strafnachricht wird bei derjenigen Behörde, welcher gemäß Ziffer 4 der allgemeinen Verfügung vom 12. Juli 1882 (J.M.Bl. S. 200) die Mittheilung an die inländische Registerbehörde obliegen würde, aufgestellt und ist mittels Berichts dem Justizminister einzureichen.

22. Allgemeine Verfügung vom 17. Dezember 1894, betreffend die Mittheilung von Strafnachrichten an die Königlich Portugiesische Regierung. — J.M.Bl. S. 349. —

Auf Grund einer mit der Königlich Portugiesischen Regierung getroffenen Vereinbarung wird Folgendes bestimmt:

1. Die in der Allgemeinen Verfügung vom 30. Juni 1888 und vom 9. November 1889, betreffend die Mittheilung von Strafnachrichten an ausländische Regierungen vorgeschriebene Uebersendung von Strafnachrichten findet in Zukunft in gleicher Weise auch bezüglich der gegen einen portugiesischen Staatsangehörigen ergangenen Verurtheilungen statt.
2. Bei Ausfüllung des Formulars (Strafnachricht A) ist mit Rücksicht auf die in Portugal übliche Art der Namensführung, wonach alle Vornamen

aufgeführt werden, und zwischen den Vornamen und dem der Person zukommenden Familiennamen noch der Familienname der Mutter oder bei verheiratheten oder verheirathet gewesenen Frauen der von ihnen vor der Verheirathung geführte Familienname (Geburtsname) eingeschoben zu werden pflegt, Folgendes zu beobachten:

In Spalte 4 ist als Familienname des Verurtheilten nur der ihm zukommende Familienname (bei verheiratheten oder verheirathet gewesenen Frauen ihr Geburtsname) aufzunehmen. In dem Raum für die Vornamen sind sämmtliche Vornamen aufzuführen. Der in den Namen eingeschobene Familienname der Mutter und bei verheiratheten oder verheirathet gewesenen Frauen der Familienname des Ehemanns bleiben in Spalte 4 demgemäß weg. Dagegen sind in Spalte 6 die Familiennamen der beiden Eltern nebst deren sämmtlichen Vornamen und bei verheiratheten oder verheirathet gewesenen Frauen in Spalte 9 der Vor- und Familienname des Ehemannes oder früheren Ehemannes aufzuführen.

23. Allgemeine Verfügung vom 25. April 1898, betreffend die Mittheilung von Strafnachrichten an die Königlich Niederländische Regierung. — J.M.Bl. S. 101. —

Auf Grund des Artikel 16 des Auslieferungsvertrages zwischen dem Deutschen Reiche und den Niederlanden vom 31. Dezember 1896 (R.G.Bl. S. 731) wird Folgendes bestimmt:

Die in den Allgemeinen Verfügungen vom 30. Juni 1888 und vom 9. November 1889 betreffend die Mittheilung von Strafnachrichten an ausländische Regierungen, vorgeschriebene Uebersendung von Strafnachrichten findet unter Berücksichtigung der Bestimmung in Ziffer 29 der Ausführungsverfügung vom 7. September 1896 in Zukunft in gleicher Weise auch bezüglich der gegen einen Niederländischen Staatsangehörigen ergangenen Verurtheilungen statt.

24. Allgemeine Verfügung vom 3. November 1890, die Strafregister betreffend. — J.M.Bl. S. 280. —

Der Herr Minister des Innern hat durch Erlaß vom 14. Juli 1890 (Ministerialblatt für die innere Verwaltung S. 139) Folgendes angeordnet:

I. Die Standesämter, deren Verwaltung sich nicht mit der Verwaltung der Ortspolizei in einer und derselben Hand befindet, haben halbjährlich und zwar bis zum 15. Januar und bis zum 15. Juli jeden Jahres, Listen sämmtlicher in ihren Bezirken während des vorhergegangenen Kalenderhalbjahres — 1. Juli bis 31. Dezember, 1. Januar bis 30. Juni — verstorbenen Personen, welche zur Zeit des Todes strafmündig waren, an die Ortspolizeibehörden zu übersenden. Diese Listen müssen enthalten:

a) den Vor- und Familiennamen, bei Frauen den Geburtsnamen und den Namen des Ehemannes,
b) die Vor- und Familiennamen der Eltern,
c) das Lebensalter,
d) den Monat und Tag (das Datum) des Todes.

II. Die Ortspolizeibehörden haben durch Vergleichung der übersandten Listen oder der von ihnen selbst in ihrer Eigenschaft als Standesbeamte geführten Sterberegister mit den ihnen von den Staatsanwaltschaften zugestellten Mittheilungen über rechtskräftige Bestrafungen halbjährlich festzustellen, ob und welche der in ihren Bezirken wohnenden, seit dem 1. Oktober 1882 bestraften Personen, während des verflossenen Kalenderhalbjahres verstorben sind. Die Verstorbenen sind in eine Nachweisung einzutragen, welche über jede Person die unter Nummer I bezeichneten Angaben, sowie den Geburtsort nebst Angabe des Kreises und die letzte Bestrafung derselben enthalten soll und bis zum 1. August bezw. bis zum 1. Februar jeden Jahres unmittelbar an die Staatsanwaltschaft desjenigen Landgerichts einzureichen ist, zu dessen Bezirk der Ortspolizeibezirk gehört.

Ist während des betreffenden Halbjahres keine der im Polizeibezirk wohnenden bestraften Personen mit Tode abgegangen, so hat die Ortspolizeibehörde der Staatsanwaltschaft jedesmal bis zu dem erwähnten Termin Fehlanzeige zu erstatten.

III. In gleicher Weise haben die Direktionen der Straf-(Gefangenen-)Anstalten, sowie der Besserungs-(Arbeits-, Korrektions-)Häuser halbjährlich Nachweisungen der in ihren Anstalten während des verflossenen Kalenderhalbjahres verstorbenen Personen aufzustellen und bis zu den unter Nummer II angegebenen Zeitpunkten unmittelbar an die Staatsanwaltschaften der für den Ort der Anstalt zuständigen Landgerichte einzureichen oder denselben bis zu diesen Terminen Fehlanzeigen zu erstatten.

IV. Die Einrichtung tritt mit dem 1. Januar 1891 dergestalt ins Leben, daß die Listen und Nachweisungen zum ersten Male für das Halbjahr vom 1. Juli bis zum 31. Dezember 1890 aufzustellen sind.

Wegen der Direktionen der unter der Verwaltung der Provinzial-(Bezirks-)Verbände stehenden Besserungsanstalten u. s. w. werden die Herren Oberpräsidenten das Weitere veranlassen.

Im Anschluß an diesen Erlaß vom 14. Juli 1890 und zur Erleichterung des Geschäftsverkehrs der Strafregisterbehörden bestimme ich hierdurch Folgendes:

1. Die Formulare zu den von den Standesbeamten aufzustellenden Listen über verstorbene Personen sind für Rechnung der Staatskasse herzustellen und den Standesbeamten auf deren Antrag je nach Bedürfniß kostenfrei zu liefern.

Nr. 2—6 aufgehoben durch die Ausführungsverfügung vom 7. September 1896. — Siehe Abschnitt V. —

25. Erlaß des Kriegsministers vom 11. Mai 1891. — (A.V.Bl. S. 145). —

Die Festungsgefangenenanstalten, Festungsstubengefangenenanstalten und Festungsgefängnisse haben halbjährlich über die in diesen Anstalten während des jeweils verflossenen Kalenderhalbjahres verstorbenen Personen des Beurlaubtenstandes, deren militärgerichtliche Verurtheilung in Gemäßheit des § 6, 2 der Verordnung vom 16. Juni 1882 — betr. die Einrichtung von Strafregistern und wechselseitige Mittheilung der Strafurtheile (Armee-Verordn.-Bl. S. 137) — den Registerbehörden bereits mitgetheilt worden war, Nachweisungen aufzustellen und bis zum 1. August und 1. Februar jeden Jahres unmittelbar an die Staatsanwaltschaften der für den Ort der Anstalt zuständigen Landgerichte einzureichen.

Diese Nachweisungen müssen enthalten:

a) den Vor- und Familiennamen,

b) den Vor- und Familiennamen der Eltern,
c) das Lebensalter,
d) den Monat und Tag (das Datum) des Todes.

Die nachträgliche Aufstellung derselben für das Halbjahr vom 1. Juli bis 31. Dezember 1890 hat alsbald zu erfolgen.

26. **Cirkular-Verfügung vom 21. Februar 1891. I. 586.**

Zur Vermeidung häufiger Zahlungsanweisungen ersuche ich Ew. . . . gefälligst den Bedarf an den bezeichneten Formularen für ihren Bezirk auf einen längeren Zeitraum festzustellen, denselben im Ganzen zu beziehen und die Formulare demnächst an die einzelnen Staatsanwaltschaften zu vertheilen. Den letzteren ist die Lieferung derselben an die Standesbeamten zu übertragen.

Ew. . . . wollen die Ersten Staatsanwälte Ihres Bezirks entsprechend verständigen.

Zugleich mache ich Sie darauf aufmerksam, daß die in Rede stehenden Formulare nebst Einlagebogen bei Reinhold Kühn hierselbst, Leipzigerstraße Nr. 115/116, vorräthig sind.

27. **Verfügung des Ministers des Innern vom 15. März 1891.**
— M.Bl. f. d. i. V. S. 41. —

Die Verordnung, daß den Standesbeamten die Formulare kostenfrei zu liefern sind, beruht auf der Bestimmung des § 8 des Personenstandsgesetzes vom 6. Februar 1875 (R.G.Bl. S. 23), wonach die Formulare zu allen Registerauszügen den Gemeinden vom Staate kostenfrei geliefert werden müssen. Im Uebrigen liegt kein Anlaß vor, von dem Grundsatze abzuweichen, daß jede Behörde die Kosten ihres Geschäftsbetriebes aus den ihr zur Verfügung stehenden Fonds zu bestreiten hat. Es bezieht sich dies insbesondere auf die Strafanstalten, die Besserungsanstalten und die Ortspolizeibehörden.

28. **Allgemeine Verfügung des Ministers des Innern vom 9. März 1899, betreffend die Berichtigung der Strafregister. — M.Bl. f. d. i. V. S. 39. —**

Um den Polizeibehörden die Feststellung der Personalien in den ihnen von den Standesämtern nach Maßgabe meines Runderlasses vom 14. Juli 1890 (M.Bl. 1890 S. 139), betreffend die Berichtigung der Strafregister, mitgetheilten Sterbefällen zu erleichtern, bestimme ich hierdurch in Ergänzung des vorerwähnten Runderlasses,

> daß die Standesämter in den nach den Bestimmungen unter 1 a. a. O. aufzustellenden Listen außer den daselbst vorgeschriebenen Angaben auch noch den Geburtsort und das Geburtsdatum der Verstorbenen aufzunehmen haben, soweit die Standesamtsregister hierüber Auskunft geben.

Ich ersuche daher, die Standesbeamten Ihres Bezirks alsbald mit entsprechender Anweisung zu versehen.

29. **Allgemeine Verfügung vom 25. April 1893, — betreffend die für das Strafregister bei dem Reichs-Justizamt bestimmten Mittheilungen. — J.M.Bl. S. 127. —**

Nach den Bestimmungen in den §§ 7, 17 der Verordnung des Bundesraths über die Einrichtung von Strafregistern und die wechselseitige Mittheilung der Strafurtheile vom 16. Juni 1882 (J.M.Bl. S. 207) sind die Mittheilungen über die in das Strafregister aufzunehmenden Entscheidungen, wenn der Geburtsort des Verurtheilten nicht zu ermitteln oder außerhalb Deutschlands belegen ist, sowie die Ersuchen um Auskunftsertheilung über die Vorstrafen solcher Personen an das Reichs-Justizamt zu richten.

Im Interesse der Vereinfachung und Beschleunigung des Geschäftsganges erscheint es erwünscht, daß diese Schreiben auch äußerlich als auf das Strafregister bezüglich kenntlich gemacht werden.

Die betheiligten Justizbehörden werden daher angewiesen, in Zukunft alle für das Strafregister jener Behörde bestimmten Schreiben unter der Adresse

An das Reichsjustizamt (Strafregister)

dorthin gelangen zu lassen.

30. **Allgemeine Verfügung vom 20. Dezember 1896 (J.M.Bl. S. 366) — betreffend die Aussonderung und die Vernichtung der Akten, Register und Urkunden bei den Justizbehörden.**

— —

Zur Vernichtung nach 30 Jahren sind geeignet:

a) 1. 2. — — —

3. Die bis zum 1. Oktober 1882 geführten Verzeichnisse der bestraften Personen und die gleichen Zwecken dienenden Listen; die Frist läuft vom 1. Januar 1897 ab.

b) — — —

Die Vorschriften, welche über die Vernichtung der Strafnachrichten durch die Allgemeine Verfügung vom 7. September 1896 (J.M.Bl. S. 294) und — gegeben sind, bleiben in Kraft.

31. Abänderungsbestimmungen des Bundesraths vom 9. Juli 1896 (Centralblatt f. d. Deutsche Reich S. 426).

Der Bundesrath hat in seiner Sitzung vom 9. Juli 1896 nachstehende Bestimmungen zur Abänderung der Verordnung vom 16. Juni 1882, betreffend die Einrichtung von Strafregistern und die wechselseitige Mittheilung der Strafurtheile, beschlossen:

Artikel 1. Die durch die Verordnung vom 16. Juni 1882 eingeführten Formulare A bis C erhalten die aus den Anlagen ersichtliche abgeänderte Fassung.

Artikel 2. Im § 15 der Verordnung werden als Absatz 2 bis 5 folgende Bestimmungen eingestellt:

Der Inhalt mehrerer dieselbe Person betreffenden Vermerke kann in eine Strafliste übertragen werden.

Als Strafliste dient die erste, diese Person betreffende Strafnachricht A oder das Formular zu einer solchen Strafnachricht; erforderlichenfalls wird die Liste auf einem beigefügten Bogen fortgesetzt. In die Liste wird der wesentliche Inhalt der Vermerke nach den beiliegenden Mustern eingetragen. Erhebliche Abweichungen in den die Person betreffenden Angaben werden auf der Vorderseite der Liste unter Hinweis auf die laufende Nummer der Eintragungen vermerkt.

Ist eine Strafliste angelegt, so können die Urschriften der in dieselbe übertragenen Vermerke aus dem Register entfernt werden.

Mittheilungen über die im Auslande erfolgten Verurtheilungen werden in die Strafliste nicht aufgenommen, sind aber mit dieser im Register aufzubewahren und bei Auskunftsertheilungen zu berücksichtigen.

Artikel 3. Der § 16 der Verordnung wird folgendermaßen abgeändert:

§ 16. Vermerke über Personen, deren Tod dem das Register führenden Beamten glaubhaft nachgewiesen wird, sind aus dem Register zu entfernen.

Im Uebrigen dürfen die Vermerke nicht vor dem Schlusse desjenigen Jahres, in welchem der Verurtheilte das 80. Lebensjahr vollendet, aus dem Register entfernt werden.

Artikel 4. Nach § 17 der Verordnung wird folgender § 17a eingeschaltet:

§ 17a. Ist die Person, über welche die Auskunft ertheilt werden soll, wegen einer oder mehrerer der im § 361 Nr. 1 bis 8 des Strafgesetzbuchs bezeichneten Uebertretungen wiederholt verurtheilt, und hat die ersuchende Behörde nicht ausdrücklich einen vollständigen Auszug verlangt, so brauchen für die einzelnen Arten dieser Uebertretungen nur je die drei letzten Verurtheilungen und außerdem diejenigen, bei welchen zugleich gemäß § 362 Absatz 2 des Strafgesetzbuchs auf Ueberweisung an die Landespolizeibehörde erkannt worden ist, gesondert und vollständig in die Auskunft nach Formular C aufgenommen zu werden. Hinsichtlich der übrigen Verurtheilungen genügt es, wenn für jede Uebertretungsart die Zahl dieser Verurtheilungen angegeben wird.

Artikel 5. Nach § 18 der Verordnung wird folgender § 18a eingeschaltet:

Steckbriefnachrichten.

§ 18a. Die Strafregister können zur Ermittelung steckbrieflich Verfolgter benutzt werden. Zu diesem Zwecke giebt die verfolgende Behörde unter Verwendung des Formulars D der zuständigen Registerbehörde von dem Erlasse des Steckbriefs Nachricht. Führt der Verfolgte befugter- oder unbefugterweise mehrere Familiennamen, so werden auf die einzelnen Namen besondere Steckbriefnachrichten ausgefertigt; jede dieser Nachrichten hat einen Hinweis auf die anderen zu enthalten.

Erledigt sich der Steckbrief durch Ergreifung des Verfolgten oder auf andere Weise, so ist dies der Registerbehörde mitzutheilen.

Der mit der Führung des Registers betraute Beamte hat sofort nach dem Eingang einer Steckbriefnachricht zu prüfen, ob Strafnachrichten über den Verfolgten vorhanden sind. Ergiebt sich, daß mit Rücksicht auf den Geburtsort des Verfolgten eine andere Registerbehörde zuständig ist, so hat er die Steckbriefnachricht an diese abzugeben und der verfolgenden Behörde hiervon Mittheilung zu machen.

Ist nach dem Inhalt des Strafregisters anzunehmen, daß der Verfolgte sich in Haft befindet oder ist sein Aufenthalt sonst bekannt, so hat der Registerbeamte die Steckbriefnachricht mit der entsprechenden Auskunft der verfolgenden Behörde wieder zu übersenden. Ist der Aufenthalt des Verfolgten nicht bekannt, liegt aber aus der letzten Zeit eine Strafnachricht oder ein Ersuchen um Auskunft über den Verfolgten seitens einer anderen Behörde vor, so hat der Beamte hierüber der verfolgenden Behörde unter Zurückbehaltung der Steckbriefnachricht besondere Mittheilung zu machen.

Nach Maßgabe des vorhergehenden Absatzes ist auch zu verfahren, wenn später der Aufenthalt des Verfolgten bekannt wird oder von einer anderen Behörde eine Strafnachricht oder ein Ersuchen um Auskunftsertheilung eingeht.

Liegen hinsichtlich einer Person Steckbriefnachrichten von verschiedenen Behörden vor, so ist jeder dieser Behörden von den Nachrichten der anderen Behörden Mittheilung zu machen.

Solange der Aufenthalt des Verfolgten nicht bekannt ist, wird die Steckbriefnachricht im Strafregister aufbewahrt. Sie wird vernichtet, wenn eine Mittheilung über die Erledigung des Steckbriefs eingeht oder wenn seit der Niederlegung drei Jahre verflossen sind.

Artikel 6. Die vorstehenden Bestimmungen treten am 1. Oktober 1896 in Wirksamkeit.

Die bisher vorgeschriebenen Formulare zu den Strafnachrichten und Auskunftsertheilungen dürfen, soweit der vorhandene Vorrath reicht, noch bis zum 31. Dezember 1896 verwendet werden. Jedoch ist die Verwendung des bisherigen Formulars A zur Anlegung einer Strafliste ausgeschlossen.

Vermerke, welche auf Grund der bisherigen Fassung des § 16 der Verordnung vom 16. Juni 1882 aus dem Strafregister entfernt wurden, nach Maßgabe der neuen Fassung desselben aber darin zu belassen wären, sind, soweit sie noch vorhanden, in dasselbe wieder einzuordnen.

Berlin, den 6. August 1896.

Der Reichskanzler.

32. Allgemeine Verfügung vom 13. April 1897, — die Strafregister betreffend. J.M.Bl. S. 92.

An Stelle der Vorschriften der Nr. 11 Abs. 2 und 3 der Ausführungsverfügung des Justizministers vom 7. September 1896 zur Verordnung des Bundesraths vom $\frac{\text{16. Juni 1882}}{\text{9. Juli 1896}}$ J.M.Bl. S. 294 treten folgende Bestimmungen:

Bei der Rücksendung an eine preußische oder eine zum Bezirk des Oberlandesgerichts Jena gehörige Justizbehörde, sowie bei Abgabe der Strafnachricht an die richtige Registerbehörde hat der Registerführer auf der Rückseite der Strafnachricht — oder falls es sich um eine erste Strafnachricht A handelt, welche demnächst als Strafliste Verwendung finden kann (vgl. § 15 Abs. 3 und Nr. 15 Satz 2) auf einem besonderen Anlegezettel — kurz den Grund zu vermerken (z. B. „Crölga gehört zum Landgericht Rudolstadt — Erfurt, den 4./2. 1896. N. Sekretär").

In den Fällen des § 14 Abs. 2 der Verordnung sowie bei Strafnachrichten, welche nicht von einer preußischen oder einer zum Bezirk des Oberlandesgerichts Jena gehörigen Justizbehörde ertheilt sind, ist die Rücksendung durch besonderes, von dem Ersten Staatsanwalt zu vollziehendes Anschreiben zu bewirken.

Abschnitt IV.

Verordnung, betreffend die Einrichtung von Strafregistern und die wechselseitige Mittheilung der Strafurtheile vom 16. Juni 1882 unter Berücksichtigung der durch den Bundesrathsbeschluß vom 9. Juli 1896 getroffenen Abänderungsbestimmungen.

Verordnung des Bundesraths vom 16. Juni 1882

(Centralbl. f. d. Deutsche Reich S. 309),

unter Berücksichtigung der durch den Bundesrathsbeschluß vom 9. Juli 1896 (Centralbl. f. d. Deutsche Reich S. 426) getroffenen Abänderungsbestimmungen,[1] sowie der anderweiten Fassung der Formulare A bis D.

§ 1.

Einrichtung der Register.

Ueber die rechtskräftigen Verurtheilungen in Strafsachen werden Register[2] geführt:

1. bei den von den Landesregierungen zu bestimmenden Behörden[3] bezüglich aller Personen, deren Geburtsort im Bezirke derselben gelegen ist. Die Aufsicht und Leitung der Registerführung liegt in allen Fällen der Staatsanwaltschaft bei den Landgerichten ob;
2. bei dem Reichs-Justizamt bezüglich derjenigen Personen, deren Geburtsort außerhalb des Reichsgebiets belegen oder nicht zu ermitteln[4] ist.

[1] Die Abänderungsbestimmungen sind auch im III. Abschnitt Seite 36 besonders zum Abdruck gelangt.

[2] Erkenntniß des Reichsgerichts vom 19. September 1887 Rechtspr. Band 9 S. 482.

Die nach § 1 Ziffer 1 der Verordnung vom 16. Juni 1882 von der Staatsanwaltschaft über die Verurtheilungen zu führenden Strafregister sind mit Bezug auf Namen und Stand, sowie überhaupt auf die Identität der darin genannten bestraften Personen nicht als öffentliche Urkunden im Sinne des § 271 Str.G.B. anzusehen.

[3] Die Nachweisung der von den Landesregierungen bestellten Registerbehörden ist durch die Allg. Verfügung vom 8. Januar 1883 mitgetheilt. (Siehe Abschnitt III Seite 21). Aufsichtsbehörde ist jedoch stets die Staatsanwaltschaft bei dem Landgericht.

[4] Ermittelungen bei Polizeibehörden, Pfarr- und Standesämtern u. s. w. müssen aber auch thatsächlich angestellt sein.

§ 2.

In die Register sind aufzunehmen alle durch richterliche Strafbefehle, durch polizeiliche Strafverfügungen, durch Strafurtheile der bürgerlichen Gerichte einschließlich der Konsulargerichte, sowie durch Strafurtheile der Militärgerichte ergehenden Verurtheilungen[5] wegen Verbrechen, Vergehen und wegen der im § 361 Nr. 1 bis 8 des Strafgesetzbuchs[6] vorgesehenen Uebertretungen.

Ausgenommen sind die Verurtheilungen:[7]

1. in den auf Privatklage[8] verhandelten Sachen,
2. in Forst-[9] und Feldrügesachen,
3. wegen Zuwiderhandlungen gegen Vorschriften über Erhebung öffentlicher Abgaben und Gefälle,[10]

4. **wegen der militärischen Verbrechen oder Vergehen wider die §§ 62 bis 68, 79, 80, 84 bis 90, 92 bis 95, 101 bis 104, 112 bis 120, 132, 139, 141 bis 144, 146, 147, 150 bis 152 des Militärstrafgesetzbuchs vom 20. Juni 1872.**[11]

[5] Nicht aufzunehmen sind Nachrichten des Inhalts, daß der Angeklagte zwar schuldig aber für straffrei erklärt wird. Dies ergiebt sich aus § 8, welcher die Aufnahme der ausgesprochenen Strafe in die Strafnachricht vorschreibt.

[6] **Strafgesetzbuch für das Deutsche Reich § 361.**

Mit Haft wird bestraft:

1. wer, nachdem er unter Polizei-Aufsicht gestellt worden ist, den in Folge derselben ihm auferlegten Beschränkungen zuwiderhandelt;
2. wer, nachdem er des Bundesgebietes oder des Gebietes eines Bundesstaats verwiesen ist, ohne Erlaubniß zurückkehrt;
3. wer als Landstreicher umherzieht;
4. wer bettelt oder Kinder zum Betteln anleitet oder ausschickt, oder Personen, welche seiner Gewalt und Aufsicht untergeben sind und zu seiner Hausgenossenschaft gehören, vom Betteln abzuhalten unterläßt;
5. wer sich dem Spiel, Trunk oder Müßiggang dergestalt hingiebt, daß er in einen Zustand geräth, in welchem zu seinem Unterhalte oder zum Unterhalte derjenigen, zu deren Ernährung er verpflichtet ist, durch Vermittelung der Behörde fremde Hülfe in Anspruch genommen werden muß;
6. eine Weibsperson, welche wegen gewerbsmäßiger Unzucht einer polizeilichen Aufsicht unterstellt ist, wenn sie den in dieser Hinsicht zur Sicherung der Gesundheit, der öffentlichen Ordnung und des öffentlichen Anstandes erlassenen polizeilichen Vorschriften zuwiderhandelt, oder welche, ohne einer solchen Aufsicht unterstellt zu sein, gewerbsmäßig Unzucht treibt;
7. wer, wenn er aus öffentlichen Armenmitteln eine Unterstützung empfängt, sich aus Arbeitsscheu weigert, die ihm von der Behörde angewiesene, seinen Kräften angemessene Arbeit zu verrichten;
8. wer nach Verlust seines bisherigen Unterkommens binnen der ihm von der zuständigen Behörde bestimmten Frist sich kein anderweitiges Unterkommen verschafft hat und auch nicht nachweisen kann, daß er solches der von ihm angewandten Bemühungen ungeachtet nicht vermocht habe.

---

[7] Dies ist besonders in dem Falle zu beachten, wenn in einer Entscheidung Verurtheilungen wegen solcher Strafthaten, die in das Register aufzunehmen und solcher, die davon ausgenommen sind, ausgesprochen werden. Die Entscheidung ist dann in die Strafnachricht nur insoweit aufzunehmen, als die Registrirung gemäß § 2 Abs. 1 zu erfolgen hat. Ist eine derartige Trennung nicht angängig, so muß dies in der Strafnachricht zum Ausdruck gebracht werden.

[8] Wenn die Staatsanwaltschaft die Verfolgung der Sache übernommen hat, dann müssen auch Strafnachrichten gefertigt werden. Dies war in der Allg. Verfügung vom 12. Juli 1882 Nr. 8 besonders zum Ausdruck gebracht, ist aber in die Ausführungsverfügung vom 7. September 1896 wohl als selbstverständlich nicht mehr aufgenommen.

[9] Auch bei Forstdiebstahl im Falle der §§ 6 und 8 des Gesetzes vom 15. April 1878 sind Strafnachrichten nicht zu fertigen.

[10] In sämmtlichen Steuer- (Stempel-)Defraudationssachen sind Strafnachrichten nicht zu fertigen. Besonders auseinanderzuhalten sind Gewerbe-Steuer-Contraventionen einerseits und Uebertretungen und Vergehen gegen die Gewerbeordnung andererseits. Nur wegen Vergehen gegen die Gewerbeordnung („Gewerbevergehen") sind Strafnachrichten zu fertigen.

[11] Hierher gehören; außer einigen Gesetzesverletzungen, welche nur bei Mobilmachung bezw. Kriegsfall entstehen können (§§ 62, 63, 68, 84—86, 132), insbesondere:

1. unerlaubte Entfernung (§§ 64—67),
2. Selbstbefreiung eines Gefangenen (§ 79),
3. bei Offizieren: Verlassen der Wohnung oder Annahme von Besuchen während des Stubenarrestes (§ 80),
4. Verletzung einer militärischen Dienstpflicht aus Besorgniß vor persönlicher Gefahr (§ 87),

5. Achtungsverletzung (§ 89),
6. Belügen eines Vorgesetzten in dienstlichen Angelegenheiten (§ 90),
7. Ungehorsam (§§ 92—95),
8. unbefugte Veranstaltung einer Versammlung von Personen des Soldatenstandes zwecks Berathung über militärische Angelegenheiten oder Einrichtungen, auch Sammeln von Unterschriften zwecks gemeinsamer Vorstellung oder Beschwerde über solche Angelegenheiten (§ 101),
9. Erregung von Mißvergnügen in Bezug auf den Dienst unter den Kameraden (§ 102),
10. Meuterei (§ 103),
11. unterlassene rechtzeitige Anzeige von einer Meuterei (§ 104),
12. Herausforderung eines Vorgesetzten oder im Dienstrange Höheren zum Zweikampf aus dienstlicher Veranlassung (§ 112),
13. Mißbrauch der Dienstgewalt über Untergebene zu nicht dienstlichen Befehlen, Forderungen oder Privatzwecken oder Anstiftung dazu (§§ 114—117),
14. vorsätzliches Ueberschreiten der Strafbefugnisse und wissentliche Verhängung unverdienter oder unerlaubter Strafen (§ 118),
15. vorsätzliche Ausübung eines gesetzwidrigen Einflusses auf die Rechtspflege (§ 119),
16. unbefugte Vornahme einer nur kraft Befehlsbefugniß oder Strafgewalt vorzunehmenden Handlung (§ 120),
17. vorsätzliche Ausstellung unrichtiger Dienstatteste oder unrichtige Abstattung und wissentliche Weiterbeförderung von unrichtigen Rapporten, dienstlichen Meldungen oder Berichten (§ 139),
18. selbstverschuldete Außerstandsetzung zur Versehung des Dienstes als Befehlshaber einer militärischen Wache u. s. w. oder eigenmächtiges Verlassen eines Postens (§ 141),
19. Herbeiführung einer erheblichen Beschädigung eines Schiffes oder dessen Zubehörs durch Fahrlässigkeit im Dienst (§ 142),
20. wissentliches Begehenlassen einer strafbaren Handlung als Befehlshaber einer militärischen Wache u. s. w., als Schildwache oder Posten, wenn die Handlung verhindert werden könnte (§ 143),
21. vorsätzliches und fahrlässiges Entweichenlassen, Bewirkung oder Beförderung der Befreiung eines zur Beaufsichtigung, Begleitung oder Bewachung anvertrauten Gefangenen oder vorsätzliche Unterlassung einer befohlenen oder dienstlich obliegenden Verhaftung (§ 144),
22. unerlaubtes Verlassen der Wache oder auch des Platzes bei einem Kommando oder auf dem Marsche (§ 146),
23. schuldhafte Verabsäumung der obliegenden Beaufsichtigung von Untergebenen oder vorsätzliche Unterlassung der obliegenden Meldung oder Verfolgung strafbarer Handlungen von Untergebenen (§ 147),
24. Eheschließung ohne erforderliche dienstliche Genehmigung (§ 150),
25. Trunkenheit im Dienst (§ 151),
26. Anbringung einer auf unwahre Behauptungen gestützte Beschwerde wider besseres Wissen oder wiederholt oder leichtfertig und Einbringung einer Beschwerde unter Abweichung vom vorgeschriebenen Dienstwege (§ 152).

§ 3.

In die Register sind ferner aufzunehmen:

1. die auf Grund des § 362 Abs. 2 des Strafgesetzbuchs[12] ergehenden Beschlüsse der Landespolizeibehörden über die Unterbringung verurtheilter Personen in ein Arbeitshaus oder deren Verwendung zu gemeinnützigen Arbeiten;[13]
2. die aus dem Auslande eingehenden Mittheilungen über dort erfolgte Verurtheilungen.[14]

[12] **Strafgesetzbuch für das Deutsche Reich § 362 Absatz 2:**
Bei der Verurtheilung zur Haft kann zugleich erkannt werden, daß die verurtheilte Person nach verbüßter Strafe der Landespolizeibehörde zu überweisen sei. Die Landespolizeibehörde erhält dadurch die Befugniß, die verurtheilte Person entweder bis zu

zwei Jahren in ein Arbeitshaus unterzubringen oder zu gemeinnützigen Arbeiten zu verwenden. Im Falle des § 361 Nr. 4 ist dieses jedoch nur dann zulässig, wenn der Verurtheilte in den letzten drei Jahren wegen dieser Uebertretung mehrmals rechtskräftig verurtheilt worden ist, oder wenn derselbe unter Drohungen oder mit Waffen gebettelt hat.

[13] **Verordnung des Königl. Sächsischen Ministeriums der Justiz vom 2. Januar 1897. (J.M.Bl. f. d. Königreich Sachsen S. 1).**

Das Justizministerium hat wahrgenommen, daß die Strafregisterbehörden in den Fällen, in denen gemäß § 362 Abs. 2 d. Str.G.B. auf Ueberweisung an die Landespolizeibehörde erkannt worden ist, zwar über diese Bestimmung des Urtheils, nicht aber immer auch darüber Auskunft ertheilt haben, ob die Landespolizeibehörde auf Grund des Urtheils die Unterbringung verurtheilter Personen in ein Arbeitshaus oder ihre Verwendung zu gemeinnützigen Arbeiten verfügt habe. Für die in einem später anhängig werdenden Verfahren zuständige Landespolizeibehörde ist es von Wichtigkeit, auch hierüber durch den Strafregisterauszug unterrichtet zu werden.

Die Strafregisterbehörden werden daher angehalten, stets auch über die auf Grund von § 362 Abs. 2 des Str.G.B. ergangenen Beschlüsse der Landespolizeibehörden Auskunft zu ertheilen. Zugleich erhalten die staats- und amtsanwaltlichen Beamten Veranlassung, die Vollständigkeit der ertheilten Auskünfte auch in dieser Richtung genau zu prüfen und, soweit Lücken hervortreten, für ihre Vervollständigung zu sorgen.

[14] Aus dem Auslande eingehende Strafnachrichten sind ohne Ausnahme — auch wenn sie Verurtheilungen betreffen, die sonst nicht in das Register aufzunehmen wären — in das Strafregister, nicht aber in die Strafliste (§ 15 letzter Satz) aufzunehmen. Diese Nachrichten sind meist sehr unvollständig ausgefüllt. Ist der Geburtsort ohne Beifügung des Kreises oder einer anderen die örtliche Zuständigkeit kennzeichnenden Angabe aufgeführt, so empfiehlt es sich, im Zweifel und sofern Vorstrafen noch nicht niedergelegt sind, das Pfarr- oder Standesamt anzufragen und bei negativer Auskunft, die Strafnachricht an eine andere etwa in Betracht kommende Registerbehörde weiter zu senden oder zurückzureichen.

§ 4.

Den Landesregierungen bleibt es unbenommen, in die § 1 Nr. 1 bezeichneten Register auch andere, den Zwecken der Strafrechtspflege oder der Polizei dienliche Nachweisungen aufnehmen zu lassen.[15]

[15] Für Preußen ist durch die Seite 93 abgedruckte Cirkular-Verfügung vom 24. April 1897 die Aufnahme von Strafaufschubsnachrichten (E) angeordnet. In anderen Bundesstaaten ist der Kreis der in das Register aufzunehmenden Nachrichten auch auf die im § 2 Nr. 1—8 aufgeführten Verurtheilungen ausgedehnt und andererseits wird dort in gewissen Fällen auch der Tag der Verübung der Strafthat und des Beginns der Strafvollstreckung auf den Strafnachrichten vermerkt.

§ 5.

Mittheilung der zu registrirenden Entscheidungen.

Die Mittheilung zum Zwecke der Registrirung erfolgt:

1. bei Verurtheilungen, mit Ausnahme der militärgerichtlichen, nach Eintritt der Rechtskraft durch diejenige Behörde, welche die Strafvollstreckung zu veranlassen hat oder — je nach näherer Bestimmung der Landesregierungen — durch die Beamten der Staatsanwaltschaft;[16]
2. bei den im § 3 Nr. 1 bezeichneten Beschlüssen der Landespolizeibehörden durch die beschließende Behörde.

[16] In Preußen erfolgen die Mittheilungen durch die Staatsanwaltschaften bei den Landgerichten und die Amtsrichter. In den Akten ist zu vermerken, daß Strafnachrichten ausgefertigt und an welche Behörden sie gesandt sind, letzteres, um erforderlichenfalls später Ergänzungen und Berichtigungen veranlassen zu können.

§ 6.

Die Mittheilung einer militärgerichtlichen Verurtheilung erfolgt, sobald für den Verurtheilten der Militärgerichtsstand gänzlich aufhört.

Abgesehen von diesem Falle erfolgt die Mittheilung mit der Ueberführung des Verurtheilten in den Beurlaubtenstand beziehungsweise mit der Wiederüberführung derselben in das Beurlaubtenverhältniß.

Die Mittheilung ist von demjenigen Truppentheile zu machen, welchem der Verurtheilte bei seinem Ausscheiden aus dem Militärgerichtsstande beziehungsweise bei seinem Uebertritt oder Rücktritt in den Beurlaubtenstand angehört hat.

Gehörte der Verurtheilte einem Truppentheile[17] nicht an, so erfolgt die Mittheilung von derjenigen Militärbehörde, welcher der Verurtheilte im gedachten Zeitpunkte unterstellt war, oder wenn er auch einer solchen nicht unterstellt war, vom Kriegsministerium.

In Ansehung der mit Pension verabschiedeten Offiziere und Militärbeamten, insofern letztere der Militärgerichtsbarkeit unterworfen sind, erfolgt die Mittheilung von demjenigen Generalkommando, in dessen Bezirke der Verurtheilte beim Ausscheiden aus dem Militärgerichtsstande seinen Wohnsitz hatte.

Von den bei den Gerichten der Kaiserlichen Marine erfolgten Verurtheilungen ist die Mittheilung durch diejenige Marinestation zu machen, welcher der Verurtheilte bei seinem Ausscheiden aus dem Militärgerichtsstand beziehungsweise bei seinem Uebertritt oder Rücktritt in den Beurlaubtenstand angehört hat. Gehörte der Verurtheilte zu diesem Zeitpunkte einer Marinestation nicht an, so erfolgt die Mittheilung durch den Chef der Admiralität.

[17] Vergleiche hierzu die Verfügung vom 19. September 1882 Seite 20 und die aus Anlaß des Inkrafttretens der Militärstrafgerichtsordnung ergangene Verfügung des Kriegsministeriums vom 2. Januar 1900 Seite 28.

§ 7.

Die Mittheilungen sind, für jeden Verurtheilten besonders, in der Regel binnen 14 Tagen nach eingetretener Rechtskraft[18] der Entscheidung beziehungsweise nach Eintritt des aus § 6 sich ergebenden Zeitpunkts zu richten:

1. wenn der Geburtsort des Verurtheilten ermittelt und in Deutschland belegen ist, an diejenige Registerbehörde,[19] zu deren Bezirk der Geburtsort gehört, oder — sofern diese Behörde der mittheilenden Behörde nicht bekannt ist — an die Staatsanwaltschaft desjenigen Landgerichts, zu dessen Bezirk der Geburtsort gehört; werden die Register nicht bei der Staatsanwaltschaft selbst geführt, so hat letztere die Mittheilungen der Registerbehörde unverzüglich zu übersenden;
2. wenn der Geburtsort nicht zu ermitteln war oder außerhalb Deutschlands belegen ist, an das Reichs-Justizamt.[20] [21] [22]

Die Mittheilungen erfolgen durch Zusendung von Vermerken, welche die Entscheidung auszugsweise enthalten. Inwieweit die Mittheilung der bei den Konsulargerichten ergehenden Verurtheilungen an die im Abs. 1 unter 1 und 2 bezeichneten Stellen direkt oder durch Vermittelung des Auswärtigen Amts zu geschehen hat, bleibt der Bestimmung des Reichskanzlers überlassen.

[18] Die rechtzeitige Ausfertigung und Uebersendung der Strafnachrichten ist von größter Wichtigkeit für die Zuverlässigkeit des Registers.

[19] Mit der Führung der Strafregister beauftragt sind in Preußen und den meisten Bundesstaaten die Staatsanwaltschaften, in Bayern die Amtsanwälte, in Sachsen die Amtsrichter, in Württemberg die Ortsvorsteher jeder Gemeinde, in Baden die Amtsgerichte, in Bremen die Amtsanwälte, in Elsaß-Lothringen die Gerichtsschreibereien der Landgerichte für ihren Bezirk.

[20] Die dem Reichs-Justizamt zu übersendenden Strafnachrichten haben unter der Bezeichnung „Reichsdienstsache" Anspruch auf portofreie Beförderung. Ersuchen um Auskunft aus dem Strafregister des Reichsjustizamts sind dagegen zu frankiren bezw. mit dem Aversionirungsstempel zu versehen.

[21] Wegen Einsendung von Strafnachrichten über Personen, deren Geburtsort außerhalb des Reichsgebiets gelegen, vgl. die Allg. Verf. v. 19. 4. 83, 20. 3. 84, 30. 6. 88, 9. 11. 89, 17. 12. 94, 25. 4. 98 im Abschnitt III Seite 24 und 30.

[22] Die für das Strafregister des Reichs-Justizamts bestimmten Schreiben sind unter der Adresse:

An das Reichs-Justizamt (Strafregister)

dorthin zu senden. Allg. Verf. v. 25. 4. 93 (s. Abschnitt III Seite 35).

§ 8.

Die Vermerke sind in den Fällen des § 2 als Strafnachricht A, in den Fällen des § 3 Nr. 1 als Strafnachricht B zu bezeichnen und auf starkem[23] Papier in Gemäßheit der anliegenden Formulare aufzustellen.

Die letzteren sind auch in Bezug auf Größe,[24] Format und Farbe[25] des Papiers maßgebend.[25a 26 26a]

Die Strafnachrichten müssen hiernach, und zwar in möglichst deutlicher Schrift, enthalten:[27]

1. den durch die Größe der Buchstaben besonders hervortretenden Familiennamen des Verurtheilten (bei Frauen den Geburtsnamen), sowie etwaige Beinamen und die Vornamen desselben; bei mehreren Vornamen ist der Rufname zu unterstreichen;
2. die Namen seiner Eltern;
3. Tag und Ort der Geburt;[28] liegt letzterer in Berlin, so ist womöglich Straße oder Stadttheil hinzuzufügen;
4. Wohnort und Beruf des Verurtheilten;
5. Familienstand des Verurtheilten und gegebenenfalls Namen und Stand des Ehegatten;[29]
6. einen Auszug aus der verurtheilenden Entscheidung, aus welchem insbesondere zu ersehen ist:
   a) die erkennende Behörde,[30]
   b) das Datum der Verurtheilung,
   c) der Charakter der für erwiesen erachteten Straftaten und die zur Anwendung gebrachten gesetzlichen Bestimmungen,
   d) die ausgesprochene Strafe.

Auf die Vollständigkeit und aktenmäßige Richtigkeit dieser Angaben ist die größte Sorgfalt zu verwenden. Insoweit die betreffenden Thatsachen nicht zweifellos, sei es in den Akten, sei es durch nachträgliche Erhebungen der mittheilenden Behörde, festgestellt sind, muß dies in der Strafnachricht ausdrücklich hervorgehoben werden. Z. B. Tag und Monat der Geburt „nicht ermittelt" oder Geburtsjahr „angeblich 1859".[31]

[23] Die Verwendung besonders starken Papiers zu Strafnachrichten ist nur dann erforderlich, wenn es sich um eine erste Strafnachricht A handelt, die demnächst ev. als Strafliste fortgeführt werden soll (Nr. 32 d. Ausf.-Verf.).

[24] Die Größe beträgt nach der Allg. Verf. v. 21. 2. 88 Seite 30 = 192 mm in der Breite, 255 mm in der Höhe.

[25] Strafnachricht A weiß, B blau, Steckbriefsnachricht (D) roth und die Strafnachricht über Strafaufschub (E) gelb.

[25a] Der Abdruck der Formulare Seite 55 u. folg. ist nur für den Wortlaut maßgebend.

[26] Die Abnahme von Strafnachrichten auf nicht vorschriftsmäßigen Formularen ist zu verweigern (vergl. Cirk.-Verf. v. 5. 7. 86 und 19. 4. 87 Seite 25 und 26). Von dem Mangel der vorgeschriebenen Größe und Form einer eingehenden zweiten oder ferneren Strafnachricht kann bei Voraussetzung der richtigen Ausfüllung derselben abgesehen werden, da sie in das Register nicht aufgenommen, sondern nur ihr Inhalt in die Strafliste übertragen wird. Im Interesse einer besseren Uebersicht ist stets darauf zu halten, daß Steckbriefs- und Strafaufschubsnachrichten auf Formularen von vorgeschriebener Farbe mitgetheilt werden.

[26a] Wegen Beschaffung der erforderlichen Formulare vergl. die Cirk.-Verf. v. 18. 7. 82 Seite 19 und 22. 9. 82 Seite 20.

[27] Die Beachtung der im § 8 unter Nr. 1—5 betr. die Anfertigung und sorgfältige Ausfüllung der Strafnachrichten gegebenen Vorschriften, ist durch die Cirk.-Verf. v. 19. 4. 87 und die Allg. Verf. v. 21. 2. 88 (siehe Abschnitt III Seite 26 und 30) wiederholt zur Pflicht gemacht.

[28] Bezüglich des Geburtsorts erfordert zwar nicht die Verordnung, wohl aber das derselben beigefügte amtliche Formular zu einer Strafnachricht die Angabe des Verwaltungsbezirks, in dem der Geburtsort gelegen ist. Als solcher ist in Preußen der Kreis, nicht der Regierungsbezirk anzugeben. Die Angabe des Kreises ist von großer Wichtigkeit für die Prüfung der Zuständigkeit und daher unerläßlich, namentlich dann, wenn es mehrere Orte gleichen oder ähnlichen Namens giebt. Vergl. auch die Cirk.-Verf. v. 19. 4. 87, Nr. 3, Seite 26.

[29] Auch die Namen des geschiedenen oder verstorbenen Ehegatten sind anzugeben.

[30] Als erkennende Behörde ist diejenige aufzuführen, deren Urtheil rechtskräftig geworden ist. Vergl. auch Anm. zu Nr. 2 der Ausf.-Verf. Seite 80.

[31] Vergl. auch Nr. 3 und 4 der Ausf.-Verf. Seite 80/81.

§ 9.

Bestehen Zweifel über die Richtigkeit des in die Strafnachricht aufgenommenen Geburtsorts,[32] so ist außer der Strafnachricht für das Register des Geburtsorts noch ein zweiter Vermerk für das Strafregister desjenigen Bezirks zu fertigen, in welchem der gewöhnliche oder mangels eines solchen der letzte Aufenthaltsort des Verurtheilten belegen ist.

Aus jedem Vermerke muß ersichtlich sein, wo sich die anderen Exemplare befinden.

[32] Die Richtigkeit des Geburtsorts wird sich mit verschwindenden Ausnahmen stets feststellen lassen, so daß Zweifel darüber nicht vorhanden sein können. Zuweilen kommt es vor, daß Personen regelmäßig einen bestimmten im Bezirk einer andern Registerbehörde belegenen Ort fälschlich als Geburtsort angeben. In diesem Falle ist es sehr praktisch, in dem Register dieses Orts einen Hinweis (Formular A) niederzulegen, welcher außer den Personalien die Bezeichnung der richtigen Registerbehörde enthält, bei der die Strafen zu finden sind.

Wird festgestellt, daß der Verurtheilte in dem angegebenen Ort nicht geboren ist und wird der wirkliche Geburtsort nicht ermittelt, so ist eine zweite Strafnachricht beim Reichs-Justizamte niederzulegen (§ 1 Ziffer 2). Vergl. auch Anmerkung 51.

§ 10.

Ergiebt sich im Laufe einer Untersuchung, daß ein Angeschuldigter früher unter falschem Namen verurtheilt ist,[33] [34] oder daß Vorstrafen desselben an der nach dieser Verordnung zuständigen Stelle (§ 1 Nr. 1 bezw. 2) noch nicht registrirt sind,[35] so ist am Schlusse der Untersuchung zu veranlassen, daß

1. nachträglich den Bestimmungen der §§ 7, 8 entsprechende Strafnachrichten ergehen,
2. die Berichtigung oder Vernichtung der etwa in die Register aufgenommenen falschen Strafnachrichten erfolgt.

[33] Zu sämmtlichen Akten, in denen ein Angeschuldigter unter falschem Namen verurtheilt ist, ergeht Mittheilung; von den betr. Behörden, durch welche er früher verurtheilt ist, sind alsdann den Registern zutreffende Strafnachrichten zu übersenden, erforderlichenfalls ist die Vernichtung der falschen Strafnachrichten zu veranlassen.

[34] Ist unter dem falschen Namen eine Freiheitsstrafe verbüßt, so ist, falls nicht bereits Verjährung eingetreten oder andere Gründe dagegen sprechen, hiervon der zuständigen Staatsanwaltschaft zwecks Einleitung eines Strafverfahrens wegen intellektueller Urkundenfälschung (Eintragung in die Gefangenenbücher) Kenntniß zu geben.

[35] Sind bei den Akten mehr registrirfähige Strafen bekannt, als der mitgetheilte Auszug nachweist, so sind diese Verurtheilungen der Registerbehörde mitzutheilen, zuvor sind, falls die Angaben bezügl. dieser Vorstrafen ungenau oder unvollständig sind, zweckdienliche Ermittelungen anzustellen. Dies bezieht sich besonders auch auf die vor dem 1. Oktober 1882 erkannten Strafen. Auch die Aktenzeichen dieser Urtheile sind anzugeben. Vergl. die Cirk.-Verf. v. 19. 4. 87 Nr. 5 Seite 26.

§ 11.

Führt ein Verurtheilter befugter oder unbefugter Weise mehrfache Familiennamen, so ist auf jeden Namen eine besondere Strafnachricht — unter ausdrücklicher Verweisung auf die andere Strafnachricht — aufzustellen und abzusenden.[36]

[36] Die Vorschrift, daß auf jeden Familiennamen eine besondere Strafnachricht auszufertigen ist, könnte, da für Preußen die Anlegung von Straflisten angeordnet ist, zur Ersparung von Schreibwerk darauf beschränkt werden, daß nur bei einer ersten Verurtheilung auf jeden Namen eine besondere Nachricht auszufertigen ist, bei weiteren Verurtheilungen aber die Uebersendung einer Nachricht genügt, in welcher sämmtliche Familiennamen angegeben sind. Ebenso genügt es, auf einen Namen eine Strafliste weiter zu führen und auf den hinsichtlich der anderen Familiennamen niedergelegten Nachrichten zu vermerken, unter welchem Namen die Strafen zu finden sind. Sind z. B. zwei erste Strafnachrichten für Schulz genannt Müller niedergelegt, so würde im Falle einer weiteren Verurtheilung desselben die Uebersendung einer Strafnachricht, welche beide Namen enthält, genügen. Die Strafnachricht auf den Namen Schulz wird als Strafliste weitergeführt, während auf der unter dem Namen Müller niedergelegten Nachricht vermerkt wird, daß die Strafliste unter Schulz zu finden ist.

§ 12.

Wird eine zur Registirrung mitgetheilte Verurtheilung in Folge einer Wiederaufnahme des Verfahrens aufgehoben, so hat hiervon, nach eingetretener Rechtskraft der Entscheidung, die Behörde, welche für deren Vollzug zu sorgen hat, der mit der Führung des betreffenden Registers betrauten Behörde bezw. der zuständigen Staatsanwaltschaft Mittheilung zu machen.[37] Die Registerbehörde hat den Inhalt der Mittheilung auf dem im Register niedergelegten Vermerke der Verurtheilung einzutragen.[38] [39]

[37] Eine Rücksendung der ersten Strafnachricht erfolgt nicht.

[38] Ist eine Strafliste angelegt, so ist direkt unter dem betr. Eintrag in derselben mit rother Tinte die Entscheidung nach den Anforderungen des Formulars nachzutragen.

39 Einer Mittheilung darüber, daß nachträglich in Gemäßheit des § 79 Str.G.B. mehrere Strafen auf eine Gesammtstrafe zurückgeführt sind, bedarf es nicht. Ebensowenig ist bisher für Preußen angeordnet, daß der Wegfall oder die Ermäßigung oder Umwandlung einer Strafe im Gnadenwege dem Register mitzutheilen und auf der Strafnachricht zu vermerken ist.

§ 13.

Form der Registerführung.

Die Register enthalten die Vermerke (§§ 7, 8, 9) in der übersandten Urschrift.[40] Die Vermerke sind alphabetisch[41] geordnet und verschlossen aufzubewahren.

40 Vergl. § 15 Abs. 4.

41 Vergl. Nr. 12 d. Ausf.-Verf. Seite 84.

§ 14.

Der mit der Registerführung betraute Beamte hat nach Eingang[42] der Vermerke die Vollständigkeit[43] und möglichst auch — gegebenen Falls auf Grund der Standesregister — die Richtigkeit[44] der in dem Vermerke enthaltenen Angaben über die Persönlichkeit und den Geburtsort des Verurtheilten zu prüfen.

Findet er eine erhebliche[45] Unvollständigkeit oder Unrichtigkeit, so hat er den Vermerk unter kurzer Angabe des Grundes an die absendende Behörde behufs weiterer Prüfung und eventueller Berichtigung zurückzusenden.[46]

Im anderen Falle hat er den ihm zugegangenen Vermerk unter genauer Beobachtung der alphabetischen Ordnung in das Register aufzunehmen.[47]

Bei verheiratheten Frauen ist ihr ursprünglicher Familienname (Geburtsname) maßgebend.[48]

42 Die Prüfung und Einfächerung der Strafnachrichten hat gemäß Nr. 10 und 12 d. Ausf.-Verf. Seite 82/84 am Tage des Eingangs zu erfolgen.

43 Die Vollständigkeit der Strafnachrichten ist stets, die Richtigkeit derselben jedoch nur hinsichtlich der Zuständigkeit und unter Vergleichung mit den etwa schon niedergelegten Vermerken zu prüfen.

44 Eine allgemeine Anordnung, die Richtigkeit der Personalien auf Grund des Geburtsregisters zu prüfen, ist für Preußen bisher nicht ergangen.

45 Eine erhebliche Unvollständigkeit oder Unrichtigkeit dürfte dann immer als vorliegend anzunehmen sein, wenn die Vornamen (Rufnamen), Geburtsort, Geburtsdatum und Namen der Eltern fehlen oder abweichend angegeben sind.

46 Die Rücksendung hat mit besonderem vom Ersten Staatsanwalt zu vollziehenden Anschreiben zu erfolgen (Nr. 11 Abs. 3 d. Ausf.-Verf. Seite 83).

47 Die Einfächerung der Strafnachrichten muß mit größter Sorgfalt erfolgen, wenn das Register zuverlässig sein soll.

48 Nicht selten werden die Strafnachrichten fälschlich so angefertigt, daß der durch die Verheirathung erlangte Familienname mit großer Schrift, der Geburtsname aber mit gewöhnlicher Schrift angegeben wird. Dies kann leicht zu einer falschen Einfächerung verleiten, weshalb hierauf besonders Acht gegeben werden muß. Zweckmäßig ist, gleich bei der Prüfung der Strafnachrichten den Geburtsnamen durch einen farbigen Strich hervorzuheben, wenn nicht die Strafnachricht überhaupt beanstandet wird.

§ 15.

Mehrere, dieselbe Person betreffende Vermerke sind nicht einzeln in dem Register aufzubewahren, sondern durch einen besonderen Umschlag mit Namensaufschrift von den übrigen Vermerken getrennt zu halten.

Der Inhalt mehrerer dieselbe Person betreffenden Vermerke kann[49] in eine Strafliste übertragen werden.

Als Strafliste dient die erste, diese Person betreffende Strafnachricht A oder das Formular zu einer solchen Strafnachricht; erforderlichenfalls wird die Liste auf einem beigefügten Bogen fortgesetzt. In die Liste wird der wesentliche Inhalt der Vermerke nach den beiliegenden Mustern[50] eingetragen. Erhebliche Abweichungen[51] in den die Person betreffenden Angaben werden auf der Vorderseite der Liste unter Hinweis auf die laufende Nummer der Eintragungen vermerkt.

Ist eine Strafliste angelegt, so können die Urschriften der in dieselbe übertragenen Vermerke aus dem Register entfernt werden.[52]

Mittheilungen über die im Auslande erfolgten Verurtheilungen werden in die Strafliste nicht aufgenommen, sind aber mit dieser im Register aufzubewahren und bei Auskunftsertheilungen zu berücksichtigen.

[49] Nach Nr. 13 der Ausf.=Verf. Seite 84 ist in Preußen die Anlegung einer Strafliste beim Eingange einer zweiten Strafnachricht stets zu bewirken.

[50] In dem S. 279 J.M.Bl. von 1896 abgedruckten Muster einer Strafliste ist bezügl. der zuerst aufgeführten Strafe ein Aktenzeichen nicht angegeben. Dasselbe ist am zweckmäßigsten — eine Spalte dafür ist auf der ersten Seite nicht vorhanden, oben rechts ist es nicht aufzunehmen — unter den Namen der erkennenden Behörde zu setzen.

[51] Am häufigsten werden Aenderungen des Familienstandes, des Berufs und des Wohnorts zu vermerken sein. Ist der Wohnort zugleich Sitz der erkennenden Behörde, so wird eine dahingehende Aenderung überflüssig sein. Aber auch andere, die Person betreffende Angaben sind aufzunehmen, u. a. Vermerke behufs Feststellung der Identität. (Giebt als Vornamen (Rufnamen) fälschlich . . . . an; bezeichnet . . . . . fälschlich als seinen Geburtsort; bei Nr. . . . sind als Eltern . . . . aufgeführt u. s. w.)

[52] Die aus dem Register entfernten Strafnachrichten sind alljährlich unter amtlicher Aufsicht zu vernichten. (Nr. 28 der Ausf.=Verf. Seite 87).

§ 16.

Vermerke über Personen, deren Tod dem das Register führenden Beamten glaubhaft nachgewiesen wird,[53] sind aus dem Register zu entfernen.[54]

Im Uebrigen dürfen die Vermerke nicht vor dem Schlusse desjenigen Jahres, in welchem der Verurtheilte das 80. Lebensjahr vollendet, aus dem Register entfernt werden.[55]

[53] Vergl. Cirk.=Verf. vom 4. 4. 87 und Allg. Verf. vom 8. 11. 90 im Abschnitt III Seite 25 und 33.

[54] Vergl. Anm. 52 vorstehend.

[55] Vergl. Nr. 22 der Ausf.=Verf. und Anm. dazu. Seite 86.

§ 17.

Auskunftsertheilung aus den Registern.

Gerichtlichen und anderen öffentlichen deutschen Behörden[56] ist auf jedes, eine bestimmte Person betreffende Ersuchen über den Inhalt der Register kostenfrei[57] amtliche Auskunft zu ertheilen.

Das Ersuchen ist nach Maßgabe des Formulars C.[58] an die zuständige Register führende Behörde oder an den Staatsanwalt[59] bei dem Landgerichte des Geburtsorts der betreffenden Person zu richten. Die Register führende Behörde ertheilt ihre Auskunft[60] durch Ausfüllung des ihr zugegangenen Formulars und zwar:

a) im Falle die betreffende Person sich im Register nicht vorfindet, durch die Einfügung des Wortes „nicht" vor das Wort „verurtheilt" in der Zeile: „ist ausweislich des Registers verurtheilt";

b) anderenfalls durch genaue Ausfüllung der weiteren Rubriken des Formulars auf Grund der im Register sich vorfindenden Vermerke.

Ergiebt sich, daß die in dem Ersuchen bezeichnete Person an dem angegebenen Orte in dem Bezirke der ersuchten Behörde nicht geboren ist, worüber diese sich thunlichst Gewißheit zu verschaffen hat,[61] so ist das Ersuchen mit einer entsprechenden kurzen Bemerkung zurückzusenden. Wird auf Verlangen die Auskunft telegraphisch[62] ertheilt, so ist dennoch schriftliche Auskunft nachzusenden.

[56] Außer den gerichtlichen ist sämmtlichen öffentlichen deutschen Behörden Auskunft zu ertheilen, und zwar nicht nur den Reichs- und Staatsbehörden, sondern auch Provinzial- und Kommunalbehörden (Korrektionsanstalten, Armenverbände, Magistrate u. s. w.).

Privatpersonen, Vereinen, Aktiengesellschaften, Innungen u. s. w. darf Auskunft aus dem Register nicht ertheilt werden, da ausdrücklich nur von gerichtlichen und anderen öffentlichen deutschen Behörden die Rede ist. Der Sinn und Zweck ist offenbar der, daß an Privatpersonen und Gesellschaften der Inhalt des Registers im Interesse der Erwerbs- und wirthschaftlichen Verhältnisse der betreffenden Personen nicht bekannt gegeben werden soll. Es handelt sich also im gewissen Sinne um Wahrung des Aktengeheimnisses.

[57] Die Auskunftsertheilungen sind in allen Fällen, wenn sie nicht als „Militär-, Post- und Reichsdienstsache" an sich schon Portofreiheit genießen, zu frankiren bezw. mit dem Aversstempel (Frei lt. Avers Nr. 21) zu versehen.

[58] Eine Verpflichtung, Anfragen, die nicht auf dem vorgeschriebenen Formular C erfolgen, zu beantworten, besteht nicht, es kann vielmehr die Wiederholung des Ersuchens auf dem vorgeschriebenen Formular C der anfragenden Behörde anheimgestellt werden, was namentlich solchen Kommunalbehörden gegenüber zu empfehlen ist, die sich der Postkarten zur Anfrage bedienen. Siehe auch die Cirk.-Verf. vom 19. 6. 89 Seite 30.

[59] Der Staatsanwalt hat das Ersuchen, falls das Register bei einer andern Behörde geführt wird, an diese abzugeben.

[60] Wird die Ertheilung einer Auskunft abgelehnt, so ist die ablehnende Verfügung in Preußen von dem Ersten Staatsanwalt zu unterzeichnen.

[61] Vergl. Nr. 25 der Ausf.-Verf. Seite 87.

[62] Bezüglich der Telegraphengebühren vergleiche die Anmerkung zu Nr. 26 der Ausf.-Verf. Seite 87.

§ 17a.

Ist die Person, über welche die Auskunft ertheilt werden soll, wegen einer oder mehrerer der im § 361 Nr. 1 bis 8 des Strafgesetzbuchs bezeichneten Uebertretungen wiederholt verurtheilt, und hat die ersuchende Behörde nicht ausdrücklich einen vollständigen Auszug verlangt, so brauchen für die einzelnen Arten dieser Uebertretungen nur je die drei letzten Verurtheilungen und außerdem diejenigen, bei welchen zugleich gemäß § 362 Abs. 2 des Strafgesetzbuchs auf Ueberweisung an die Landespolizeibehörde erkannt worden ist, gesondert und vollständig in die Auskunft nach Formular C aufgenommen zu werden. Hinsichtlich der übrigen Verurtheilungen genügt es, wenn für jede Uebertretungsart die Zahl dieser Verurtheilungen angegeben wird.[63]

[63] Trotz der hiernach zugelassenen Kürzung des Auszugs, wird derselbe in vielen Fällen noch immer sehr lang werden, da für jede Art der Uebertretung die drei letzten Verurtheilungen und außerdem diejenigen, bei denen zugleich auf Ueberweisung erkannt ist, sowie die Beschlüsse der Landespolizeibehörden aufzunehmen sind. Zur Verminderung des Schreibwerks würde es wesentlich beitragen, wenn die anfragenden Behörden, sofern es für ihre Zwecke genügt, nur um Mittheilung der Vorstrafen von einem bestimmten Zeitpunkt ab oder einer bestimmten Art ersuchen würden. Ebenso müßte es zulässig sein, für den Fall, daß die betreff. Person in letzter Zeit von dem Gericht am Sitz der

anfragenden Behörde verurtheilt ist, bezw. diese die Strafakten darüber führt, auf diese Bezug zu nehmen und nur die ev. weiteren Strafen einzeln aufzuführen.

§ 18.

Inwieweit auswärtigen Behörden kostenfrei oder gegen Erhebung einer Gebühr Auskunft zu geben ist, bleibt, soweit nicht bezügliche Abmachungen seitens des Reichs mit der betreffenden auswärtigen Regierung getroffen sind, der Bestimmung der Landesregierung, bezüglich des bei dem Reichs-Justiz-amt geführten Registers der Bestimmung des Reichskanzlers überlassen.[64]

[64] Anordnungen darüber, daß auswärtigen Regierungen gegen Erstattung einer Gebühr Auskunft zu geben, sind für Preußen nicht ergangen. Die Befugniß einer auswärtigen Regierung, direkt an die Registerbehörde ein Ersuchen um Auskunft zu richten, bestimmt sich nach den mit diesem Staat abgeschlossenen Verträgen. In der Regel können auswärtige Staaten nur auf diplomatischem Wege Auskunft aus dem Strafregister erhalten. In keinem Fall ist der Registerführer befugt, selbstständig eine solche Auskunft zu ertheilen, er muß vorher stets die Entscheidung des Ersten Staatsanwalts einholen. Siehe auch Abschnitt VI.

§ 18a.

Steckbriefnachrichten.

Die Strafregister können zur Ermittelung steckbrieflich[65] Verfolgter benutzt werden. Zu diesem Zwecke giebt die verfolgende Behörde unter Verwendung des Formulars D der zuständigen Registerbehörde von dem Erlasse des Steckbriefs[65] Nachricht. Führt der Verfolgte befugter- oder unbefugterweise mehrere Familiennamen, so werden auf die einzelnen Namen besondere Steckbriefnachrichten ausgefertigt; jede dieser Nachrichten hat einen Hinweis auf die anderen zu enthalten.

Erledigt sich der Steckbrief durch Ergreifung des Verfolgten oder auf andere Weise, so ist dies der Registerbehörde mitzutheilen.[66]

Der mit der Führung des Registers betraute Beamte hat sofort nach dem Eingang einer Steckbriefnachricht zu prüfen, ob Strafnachrichten über den Verfolgten vorhanden sind. Ergiebt sich, daß mit Rücksicht auf den Geburtsort des Verfolgten eine andere Registerbehörde zuständig ist, so hat er die Steckbriefnachricht an diese abzugeben und der verfolgenden Behörde hiervon Mittheilung zu machen.[67]

Ist nach dem Inhalt des Strafregisters anzunehmen, daß der Verfolgte sich in Haft befindet oder ist sein Aufenthalt sonst bekannt, so hat der Registerbeamte die Steckbriefnachricht mit der entsprechenden Auskunft der verfolgenden Behörde wieder zu übersenden. Ist der Aufenthalt des Verfolgten nicht bekannt, liegt aber aus der letzten Zeit eine Strafnachricht oder ein Ersuchen um Auskunft über den Verfolgten seitens einer anderen Behörde vor, so hat der Beamte hierüber der verfolgenden Behörde unter Zurückbehaltung der Steckbriefnachricht besondere Mittheilung zu machen.[67]

Nach Maßgabe des vorhergehenden Absatzes ist auch zu verfahren, wenn später der Aufenthalt des Verfolgten bekannt wird oder von einer anderen Behörde eine Strafnachricht oder ein Ersuchen um Auskunftsertheilung eingeht.[67]

Liegen hinsichtlich einer Person Steckbriefnachrichten von verschiedenen Behörden vor, so ist jeder dieser Behörden von den Nachrichten der anderen Behörden Mittheilung zu machen.[67]

Solange der Aufenthalt des Verfolgten nicht bekannt ist, wird die Steckbriefnachricht im Strafregister aufbewahrt. Sie wird vernichtet, wenn eine

Mittheilung über die Erledigung des Steckbriefs eingeht oder wenn seit der Niederlegung drei Jahre verflossen sind.[68]

[65] In der Verordnung wird zwar nur von steckbrieflich Verfolgten und Nachrichten vom Erlasse des Steckbriefs gesprochen. Allgemein scheint sich aber die Praxis eingeführt zu haben, auch behufs Ermittelung Angeschuldigter, gegen die ein Steckbrief, nicht erlassen ist, das Strafregister unter Uebersendung einer Nachricht D, die in diesem Falle häufig als „Suchvermerk" bezeichnet wird, in Anspruch zu nehmen, ebenso auch zur Aufenthaltsermittelung von Zeugen oder anderer Personen. Einen ausgedehnten Gebrauch machen auch die Bezirkskommandos von dieser Einrichtung im Falle der Kontrollentziehung.

Zwecks Herbeiführung der Strafvollstreckung an den wegen Verletzung der Wehrpflicht Verurtheilten werden von einigen Staatsanwaltschaften Steckbriefnachrichten D. für das Strafregister ausgefertigt, andere nehmen in Spalte Bemerkungen der Strafnachrichten A ein Ersuchen um Mittheilung von dem Eingange einer ferneren Strafnachricht oder Vorstrafenanfrage auf, während die übrigen nichts in dieser Beziehung veranlassen.

Da die Steckbriefnachrichten nur drei Jahre im Strafregister aufzubewahren sind, müßten sie immer wieder erneuert werden; die Aufnahme des gedachten Ersuchens in Spalte Bemerkungen der Strafnachricht entspricht nicht den bestehenden Vorschriften und ist auch nicht ausführbar, wenn die betreffende Person schon bestraft ist und für dieselbe eine Strafliste angelegt ist oder anzulegen sein würde.

Beides erübrigt sich, wenn der Registerführer angewiesen wird — meist überall geschieht dies jetzt auch wohl schon ohne besondere Anordnung —, daß er die wegen Verletzung der Wehrpflicht eingehenden oder eingegangenen Strafnachrichten ebenso behandelt, als wenn bezüglich derselben auch eine Steckbriefnachricht D vorläge, und zwar so lange, bis aus einer späteren Strafnachricht mit Sicherheit anzunehmen ist, daß die Strafe vollstreckt ist, oder die § 12 der Verordnung des Bundesraths vorgeschriebene Mittheilung eingegangen ist.

[66] Das Strafregister wird zur Ermittelung steckbrieflich gesuchter Personen mit Erfolg benutzt, weshalb sich die fleißige Benutzung dieser Einrichtung empfiehlt. Andererseits darf es aber auch nicht — wie es noch häufig geschieht — übersehen werden, dasselbe von der Erledigung des Steckbriefs in Kenntniß zu setzen. Ebenso ist es zu vermeiden, in derselben Sache kurz nacheinander zwei und mehr Steckbriefnachrichten zu übersenden. Bisweilen gehen auch von dem Gericht und der Staatsanwaltschaft Nachrichten ein. Der Registerführer muß dann beiden Behörden die im Abs. 6 vorgeschriebene Nachricht geben, da er bei Verschiedenheit der Aktenzeichen nicht wissen kann, ob dieselbe Strafsache in Frage steht.

[67] Zu diesen Mittheilungen werden im Kammergerichtsbezirk die nachstehend abgedruckten Formulare benutzt, welche im Bedarfsfalle durch Umdruck herzustellen sind.

A. betr. die Benachrichtigung der verfolgenden Behörde von der Abgabe einer Steckbriefnachricht an die zuständige Registerbehörde,

B. betr. die Abgabe einer Steckbrief- oder Strafnachricht an die zuständige Registerbehörde,

C. betr. die Benachrichtigung der verfolgenden Behörde von

a) dem Vorliegen einer ferneren Steckbriefnachricht, oder
b) dem muthmaßlichen Aufenthalt bezw. der Verhaftung des Verfolgten, oder
c) einer erfolgten Verurtheilung desselben;

Form. A.

Staatsanwaltschaft
bei dem Königlichen Landgericht. den ten 19
Strafregister

Die Steckbriefnachricht betreffend (Name), Aktenzeichen: ist an die Registerbehörde zu (Ortsname) zu deren Bezirk (Name des Geburtsorts) gehört, abgegeben worden.

Registerführer

An
d Königliche
zu
. . . .

Form. B.

gehört zum Landgerichtsbezirk . . . .

Daher

Urschriftlich mit der Anlage

an

d . . . . Staatsanwaltschaft

zu

. . . .

. . . ., den ten 19

Strafregister=Bureau

der Königlichen Staatsanwaltschaft.

Form. C.

Staatsanwaltschaft
bei dem Königlichen Landgericht. den ten 19

Die laut dortseitiger Steckbriefnachricht (Aktenzeichen . . .) verfolgte Person . . . . ist nach dem Inhalt einer von dem . . . . in . . . . . . unter Aktenzeichen . . . eingegangenen [Steckbriefnachricht auch von dieser Behörde gesucht] Strafnachricht — Anfrage nach Vorstrafen — in . . . . anscheinend aufhältlich — in Haft, (am . . ten . . . . 19 . . wegen . . . . zu . . . . . verurtheilt worden).

Registerführer

An
d Königliche
zu
. . . .

---

[68] Die Aussonderung der Steckbriefnachrichten, die drei Jahre und länger niedergelegt sind, erfolgt gelegentlich der Einsicht des Registers oder bei der Durchsicht desselben. Eine Kontrolle durch den Geschäftskalender ist nicht erforderlich. (Nr. 28 der Ausführungs=Verfügung Seite 88). Eine Rücksendung der Steckbriefnachrichten, bezüglich deren eine Mittheilung über die Erledigung eingegangen ist, hat nicht zu erfolgen.

§ 19.
Schlußbestimmungen.

Den Landesregierungen — hinsichtlich des Centralregisters dem Reichskanzler — bleiben auch die sonstigen zur Ausführung dieser Verordnung erforderlichen Bestimmungen vorbehalten.

§ 20.

Durch die gegenwärtige Verordnung wird die Geltung von Vorschriften in den Bundesstaaten über anderweitig in Strafsachen von den Behörden zu machende Mittheilungen nicht berührt.

Insbesondere bleiben unberührt die Vorschriften, wonach einzelnen ausländischen Regierungen die Verurtheilungen ihrer Staatsangehörigen vertragsmäßig in bestimmter Form mitzutheilen sind.

Vergleiche hierzu Nr. 29 der Ausführungsverfügung nebst Anmerkungen (Seite 89) im folgenden Abschnitt.

§ 21.

Diese Verordnung tritt am $\frac{\text{1. Oktober 1882}}{\text{1. Oktober 1896}}$ in Kraft.

Mittheilende Behörde:	**Strafnachricht** (A) für das Strafregister zu Gleiche Strafnachricht erhielt das Strafgericht zu	Aktenzeichen:

Familienname (bei Frauen Geburtsname):
Vornamen (Rufname zu unterstreichen):

Familienstand: ledig verheirathet verwittwet geschieden
Vor- und Familien- (Geburts-) name des (bezw. früheren) Ehegatten:

Des Vaters Vor- und Familienname:
Der Mutter Vor- und Geburtsname:

Geburtstag.		Geburtsort.		
	Tag:		Gemeinde:	Landgerichtsbezirk
	Monat:		ev. Straße, Stadttheil:	
	Jahr:		Verwaltungsbezirk*):	Staat:

Wohnort: ev. letzter Aufenthaltsort:

Stand (Beruf, Gewerbe): ev. Stand des Ehemanns:

Vorbestraft wegen Verbrechen, Vergehen**) oder aus §. 361 Nr. 1—8 Strafgesetzbuchs: nein ja — vgl. Rückseite —

Sonstige Bemerkungen (ev. Staatsangehörigkeit):

Vorstehend bezeichnete Person ist rechtskräftig verurtheilt worden:

am	durch	wegen	auf Grund von	zu

Datum:

Die Richtigkeit bescheinigt:

*) Kreis, Bezirksamt, Amtshauptmsch., Oberamt, Amtsbezirk 2c.

**) Unberücksichtigt bleiben Verurtheilungen in Privatklagsachen, in Forst- und Feldrügesachen, wegen Zuwiderhandlungen gegen Vorschriften über Erhebung öffentlicher Abgaben und Gefälle und wegen der in der Verordn. des Bundesraths v. 16 Juni 1882 §. 2 Nr. 4 bezeichneten militärischen Verbrechen und Vergehen.

Der Abdruck dieser Formulare ist nur für den Wortlaut maßgebend. Die Größe der Formulare zu den Strafnachtichten A. B. D. E. hat zu betragen 192 Millimeter in der Breite und 255 Millimeter in der Höhe. (Anm. d. V.)

Umstehend bezeichnete Person ist weiter verurtheilt worden*):

Nr.	nach Mittheilung von	Akten-zeichen	am	durch	wegen	auf Grund von	zu

*) Hier können von der Registerbehörde alle später mitgetheilten Bestrafungen, von der mittheilenden Behörde die bei der Registerbehörde noch nicht registrirten Vorbestrafungen eingetragen werden.

Mittheilende Behörde:	**Strafnachricht** (A) für das Strafregister zu	Aktenzeichen:
Amtsger. **Charlottenburg.**	**Dresden**	C. 218/94
	Gleiche Strafnachricht erhielt das Strafregister zu Berlin II	

Familienname (bei Frauen Geburtsname): **Schmidt**

Vornamen (Rufname zu unterstreichen): Johanne Friederike

Familienstand: ~~ledig~~ ~~verheirathet~~ ~~verwittwet~~ geschieden

Vor- und Familien- (Geburts-) name des (bezw. früheren) Ehegatten: Friedrich August Schulze

Des Vaters Vor- und Familienname: (unehel.)

Der Mutter Vor- und Geburtsname: Auguste Wilhelmine Schmidt

Ge-burts-tag.		Ge-burts-ort.			
Tag:	15.	Gemeinde:	angebl. Dresden	Landgerichtsbezirk:	Dresden
Monat:	April	ev. Straße, Stadttheil:		Staat:	Sachsen
Jahr:	1865	Verwaltungsbezirk*):	Dresden		

Wohnort: ohne — ev. letzter Aufenthaltsort: Charlottenburg

Stand (Beruf, Gewerbe): ohne — ev. Stand des Ehemanns: Schuhmacher

Vorbestraft wegen Verbrechen, Vergehen**) oder aus §. 361 Nr. 1—8 Strafgesetzbuchs: nein ~~ja~~ — ~~vgl. Rückseite~~ —

Sonstige Bemerkungen (ev. Staatsangehörigkeit):

Vorstehend bezeichnete Person ist rechtskräftig verurtheilt worden:

am	durch	wegen	auf Grund von	zu
20/4 1894	Amtsger. Charlottenburg	Betteln	§. 361 Nr. 4 St. G. B.	3 Tagen Haft

*) Kreis, Bezirksamt, Amtshauptmsch., Oberamt, Amtsbezirk 2c.

**) Unberücksichtigt bleiben Verurtheilungen in Privatklagsachen, in Forst- und Feldrügesachen, wegen Zuwiderhandlungen gegen Vorschriften über Erhebung öffentlicher Abgaben und Gefälle und wegen der in der Verordn. des Bundesraths v. 16. Juni 1882 § 2 Nr. 4 bezeichneten militärischen Verbrechen und Vergehen.

Datum: Charlottenburg, den 27. April 1894.

Die Richtigkeit bescheinigt: N. N. Amtsrichter.

Umstehend bezeichnete Person ist weiter verurtheilt worden*):

Nr.	nach Mittheilung von	Akten-zeichen	am	durch	wegen	auf Grund von	zu

*) Hier können von der Registerbehörde alle später mitgetheilten Bestrafungen, von der mittheilenden Behörde die bei der Registerbehörde noch nicht registrirten Vorbestrafungen eingetragen werden.

Mittheilende Behörde:	**Strafnachricht (A)** für das Strafregister zu	Aktenzeichen:
Amtsger. **Charlottenburg**	**Dresden**	C 218/94
	Gleiche Strafnachricht erhielt das Strafregister zu Berlin II	

Familienname (bei Frauen Geburtsname): ~~Schmidt~~ ***Schmid***
Vornamen (Rufname zu unterstreichen): Johanne Friederike

Familienstand: ~~ledig~~ ~~verheirathet~~ ~~verwittwet~~ geschieden
Vor- und Familien- (Geburts-) name des (bezw. früheren) Ehegatten: *s. B.* Friedrich August Schulze

Des Vaters Vor- und Familienname: (unehel.)
Der Mutter Vor- und Geburtsname: Auguste Wilhelmine ~~Schmidt~~ ***Schmid***

Geburtstag		Geburtsort			
Tag:	15.	Gemeinde:	~~angebl.~~ Dresden	Landgerichtsbezirk:	Dresden
Monat:	April	ev. Straße, Stadttheil:	*Neustadt*	Staat:	Sachsen
Jahr:	~~1865~~ *1866*	Verwaltungsbezirk*):	Dresden		

Wohnort: ohne *s. B.* ev. letzter Aufenthaltsort: Charlottenburg

Stand (Beruf, Gewerbe): *s. B.* ev. Stand des Ehemanns: Schuhmacher *s. B.*

Vorbestraft wegen Verbrechen, Vergehen**) oder aus §. 361 Nr. 1—8 Strafgesetzbuchs: nein ~~ja~~ -- ~~vgl. Rückseite~~

Sonstige Bemerkungen (ev. Staatsangehörigkeit):

*Familienname, Geburtsjahr und Geburtsort durch Nr. 2 festgestellt und hier berichtigt. Nach Nr. 4 wiederverheirathet mit dem Kutscher Anton **Krüger** in **Potsdam**.*

Vorstehend bezeichnete Person ist rechtskräftig verurtheilt worden:

	am	durch	wegen	auf Grund von	zu
1	20/4 1894	Amtsger. **Charlottenburg**	Bettelns	§. 361 No. 4 St. G. B.	3 Tagen Haft

Weitere Verurtheilungen umstehend!

*) Kreis, Bezirksamt, Amtshauptmsch., Oberamt, Amtsbezirk 2c.
**) Unberücksichtigt bleiben Verurtheilungen in Privatklagsachen, in Forst- und Feldrügesachen, wegen Zuwiderhandlungen gegen Vorschriften über Erhebung öffentlicher Abgaben und Gefälle und wegen der in der Verordn des Bundesraths v. 16. Juni 1882 §. 2 Nr. 4 bezeichneten militärischen Verbrechen und Vergehen.

Datum: Charlottenburg, den 27. April 1894.

Die Richtigkeit bescheinigt: N. N. Amtsrichter.

Umstehend bezeichnete Person ist weiter verurtheilt worden*):

Nr.	nach Mittheilung von	Akten-zeichen	am	durch	wegen	auf Grund von	zu
2	Amtsger. **Rixdorf**	E 301/94	5/7 1894	Landger. **II Berlin**	Land-streichens	§. 361 Nr. 3 St. G. B.	7 Tagen Haft Ueberweisung an die Landes-polizeibehörde
3	Pol.-Präsid. **Berlin**	I 2305	8/7 1894	Pol.-Präsid. **Berlin**	vgl. Nr. 2	§. 362 Abs. 2 St. G. B.	3 Mon. Arbeitshaus (Rummelsburg)
4	Staatsanw. **Potsdam**	L 98/94	15/12 1894	Landger. **Potsdam**	versuchter intellect. Urkunden-fälschung	§§. 271, 43 St. G. B.	14 Tagen Gefängn.
5	Amtsger. **Nauen**	C 200/95	31/1 1895	Amtsger. **Nauen**	Bettelns	§. 361 Nr. 4 St. G. B.	3 Tagen Haft
6	Amtsger. **Spandau**	C 292/95	2/3 1895	Amtsger. **Spandau**	Bettelns	§. 361 Nr. 4 St. G. B.	3 Tagen Haft
7	Amtsger. **Potsdam**	E 160/95	30/8 1895	Schöffen-ger. **Potsdam**	Bettelns	§. 361 Nr. 4 St. G. B.	14 Tagen Haft
8	Amtsger. **Branden-burg a. H.**	E 92/95	3/10 1895	Schöffen-ger. **Branden-burg a. H.**	Bettelns	§. 361 Nr. 4 St. G. B.	4 Wochen Haft

*) Hier können von der Registerbehörde alle später mitgetheilten Bestrafungen, von der mittheilenden Behörde die bei der Registerbehörde noch nicht registrirten Vorbestrafungen eingetragen werden.

~~Mittheilende Behörde~~: Strafliste angelegt am 31/12 1895	**Strafnachricht (A)** für das Strafregister ~~zu~~ des Reichs-Justizamts Gleiche Strafnachricht erhielt das Strafregister zu	~~Aktenzeichen~~

Familienname (bei Frauen Geburtsname): **Bauer**

Vornamen (Rufname zu unterstreichen): Arnold Xaver

Familienstand: ~~ledig~~ ~~verheirathet~~ verwittwet ~~geschieden~~

Vor- und Familien- (Geburts-) name des (bezw. früheren) Ehegatten: s. B. Charlotte Werner

Des Vaters Vor- und Familienname: Anton Bauer

Der Mutter Vor- und Geburtsname: Helene Marie Brunner

Geburtstag			Geburtsort			
Tag:	Sept.		Gemeinde:	Hügglingen	Landgerichtsbezirk:	—
Monat:	13.		ev. Straße, Stadttheil:			
Jahr:	1864		Verwaltungsbezirk*):	Bremgarten	Staat:	Schweiz

Wohnort: Bingen (Hessen) s. B. ev. letzter Aufenthaltsort:

Stand (Beruf, Gewerbe): Melker s. B. ev. Stand des Ehemanns:

Vorbestraft wegen Verbrechen, Vergehen**) oder aus §. 361 Nr. 1—8 Strafgesetzbuchs: ~~nein~~ ja — vgl. Rückseite —

Sonstige Bemerkungen (ev. Staatsangehörigkeit): Schweizer, Heimathsgem.: Adelboden, Kanton: Bern.
Bei Nr. 1, 2: ledig, bei Nr. 3 und 4: verheirathet, seit Nr. 5: verwittw.
Wohnort bei Nr. 1—5: Fürth (Bayern), bei Nr. 6 und 7: Kehl (Baden), seit Nr. 8: Bingen.
Nach Nr. 10 Stand: Viehhändler; Wohnort: ***Mannheim;*** *wiederverheirathet mit Antonie Amalie* ***Langner.***

Vorstehend bezeichnete Person ist rechtskräftig verurtheilt worden: 1. nach Mittheilung des Amtsanw. A. Traunstein (bei Nr. 2)

am	durch	wegen	auf Grund von	zu
8/2 1878	Kreisger. Flensburg †)	Diebstahls	§§. 242, 57 St. G. B.	Verweis

Weitere Verurtheilungen umstehend!

*) Kreis, Bezirksamt, Amtshauptmsch., Oberamt, Amtsbezirk ꝛc.

**) Unberücksichtigt bleiben Verurtheilungen in Privatklagsachen, in Forst- und Feldrügesachen, wegen Zuwiderhandlungen gegen Vorschriften über Erhebung öffentlicher Abgaben und Gefälle und wegen der in der Verordn. des Bundesraths v. 16. Juni 1882 §. 2 Nr. 4 bezeichneten militärischen Verbrechen und Vergehen.

Datum:

Die Richtigkeit bescheinigt:

†) Hier ist zweckmäßig noch das Aktenzeichen anzugeben. (Anm. d. V.)

Umstehend bezeichnete Person ist weiter verurtheilt worden*):

Nr.	nach Mittheilung von	Akten-zeichen	am	durch	wegen	auf Grund von	zu
2	Amtsanw. **A. Traunstein**	335/89	12/8 1889	Schöffen-ger. **Traun-stein**	Unter-schlagung	§. 246 St. G. B.	14 Tagen Gefängn.
3	Amtsanw. **München I**	1506/89	4/11 1889	Schöffen-ger. **München I**	Nicht-beschaffung eines Unter-kommens	§. 361 Nr. 8 St. G. B.	8 Tagen Haft
4	Amtsger. **Plauen**	St. B. 25/90	5/3 1890	Amtsger. **Plauen**	Bettelns	§. 361 Nr. 4 St. G. B.	14 Tagen Haft
5	Amtsanw. **B. Straubing**	A nf 131/91	29/1 1891	Schöffen-ger. **Straubing**	Widerstands, Berufs-beleidigung Bettelns und Land-streichens.	§§. 113, 185, 196, 361 Nr. 3 u. 4 St. G. B.	1 Monat Gefängn., 3 Wochen Haft, Ueberweisung an die Landes-polizeibehörde
6	Bezirksamt **Straubing**	—	15/3 1891	Bezirks-amt **Straubing**	vgl. Nr. 5	§. 262 Abs. 2 St. G. B.	3 Mon. Arbeitshaus
7	Staatsanw. **Regensburg**	288/93	21/10 1893	Landger. **Regens-burg**	Betrugs	§. 263 St. G. B.	2 Mon. Gefängn.
8	Staatsanw. **Mainz**	L 105/94	19/8 1894	Landger. **Mainz**	Sittlichkeits-verbrechen	§. 176 Nr. 3 St. G. B.	6 Mon. Gefängn.

*) Hier können von der Registerbehörde alle später mitgetheilten Bestrafungen, von der mittheilenden Behörde die bei der Registerbehörde noch nicht registrirten Vorbestrafungen eingetragen werden.

Fortsetzung der Strafliste für **Bauer**, Arnold Xaver,

geb. am 13. Sept. 1864 in **Hügglingen**

Nr.	nach Mittheilung von	Akten-zeichen	am	durch	wegen	auf Grund von	zu
9	Staatsanw. **Düsseldorf**	IV L. 77/94	19/9 1894	Landger. **Düssel-dorf**	Sittlichkeits-verbrechen	§. 176 Nr. 3 St. G. B.	6 Mon. Gefängn. zusätzlich zur Strafe unter Nr. 8
	Nach Mittheilung der Staatsanw. **Düsseldorf** vom 9/3 1896 — L 739/95 — ist die hier registrirte Verurtheilung in Folge einer Wiederaufnahme des Verfahrens durch Urtheil des Landgerichts **Düsseldorf** vom 27/2 1896 aufgehoben worden.						
10	Staatsanw. **Mannheim**	L 401/95	1/2 1896	Landger. **Mannheim**	Betrugs	§§. 263, 74 St. G. B.	8 Mon. Gefängn. 200 ℳ Geldstrafe, Verlust der bürgerl. Ehrenrechte auf 1 Jahr.

Nr.	nach Mittheilung von	Akten- zeichen	am	durch	wegen	auf Grund von	zu

Mittheilende Behörde:	**Strafnachricht (B)***) für das Strafregister zu Gleiche Strafnachricht erhielt das Strafregister zu	Aktenzeichen:

Familienname (bei Frauen Geburtsname):
Vornamen (Rufname zu unterstreichen):

Familienstand: ledig verheirathet verwittwet geschieden
Vor- und Familien- (Geburts-) name des (bezw. früheren) Ehegatten:

Des Vaters Vor- und Familienname:
Der Mutter Vor- und Geburtsname:

Ge-burts-tag.		Ge-burts-ort.		
	Tag:		Gemeinde:	Landgerichtsbezirk:
	Monat:		ev. Straße, Stadttheil:	
	Jahr:		Verwaltungsbezirk:	Staat:

Wohnort: ev. letzter Aufenthaltsort:

Stand (Beruf, Gewerbe): ev. Stand des Ehemanns:

Vorstehend bezeichnete Person,
verurtheilt durch

vom

wegen
ist laut Beschluß de

vom

auf Grund des §. 362 Abs. 2 des Strafgesetzbuchs

Datum:

Die Richtigkeit bescheinigt:

*) Auf Papier von blauer Farbe. (Anm. d. V.)

Mittheilende Behörde: Polizeipräsidium Berlin	**Strafnachricht (B)***) für das Strafregister zu Dresden ~~Gleiche Strafnachricht erhielt das Strafregister zu~~	Aktenzeichen: I 2805

Familienname (bei Frauen Geburtsname): **Schmid**

Vornamen (Rufname zu unterstreichen): Johanne Friederike

Familienstand: ~~ledig~~ ~~verheirathet~~ ~~verwittwet~~ geschieden

Vor- und Familien- (Geburts-) name des (bezw. früheren) Ehegatten: Friedrich August Schulze

Des Vaters Vor- und Familienname: (unehel.)

Der Mutter Vor- und Geburtsname: Auguste Wilhelmine Schmid

Ge-burts-tag.		Ge-burts-ort.	
Tag:	15.	Gemeinde: Dresden	Landgerichtsbezirk: Dresden
Monat:	April	ev. Straße, Stadttheil: Neustadt	
Jahr:	1866	Verwaltungsbezirk: Dresden	Staat: Sachsen

Wohnort: ohne ev. letzter Aufenthaltsort: Charlottenburg

Stand (Beruf, Gewerbe): ohne ev. Stand des Ehemanns: Schuhmacher

Vorstehend bezeichnete Person,
verurtheilt durch Urtheil des Kgl. Landgerichts
II Berlin

vom 5. Juli 1894

wegen Landstreichens
ist laut Beschluß des Kgl. Polizeipräsidenten zu Berlin

vom 8. Juli 1894
auf Grund des §. 362 Abs. 2 des Strafgesetzbuchs auf 3 Monate dem Arbeitshaus zu Rummelsburg überwiesen worden.

Datum: Berlin, den 9. Juli 1894.

Die Richtigkeit bescheinigt: N. N.
Ober-Regierungsrath.

*) Auf Papier von blauer Farbe.

C.

Urschriftlich mit der Bitte um schleunige Rücksendung

an

in

---

zur gefälligen Auskunftsertheilung über die Vorstrafen der umstehend bezeichneten Person.

Datum:

Unterschrift:

C.

Urschriftlich unter Bezugnahme auf beifolgenden Auszug zurück

an

in

Auszug aus dem Strafregister

de zu

Familienname (bei Frauen Geburtsname):
Vornamen (Rufname zu unterstreichen):

Familienstand: ledig verheirathet verwittwet geschieden

Vor- und Familien- (Geburts-) name des (bezw. früheren) Ehegatten:

Des Vaters Vor- und Familienname:
Der Mutter Vor- und Geburtsname:

Geburtstag.	Tag:	Geburtsort.	Gemeinde:		Landgerichtsbezirk:
	Monat:		ev. Straße, Stadttheil:		
	Jahr:		Verwaltungsbezirk:		Staat:

Wohnort: ev. letzter Aufenthaltsort:

Stand (Beruf, Gewerbe): ev. Stand des Ehemanns:

ist ausweislich des Registers verurtheilt

Nr.	nach Mittheilung von	Akten-zeichen	am	durch	wegen	auf Grund von	zu

Nr.	nach Mittheilung von	Akten-zeichen	am	durch	wegen	auf Grund von	zu

C.

Urschriftlich mit der Bitte um schleunige Rücksendung

an

den Herrn Staatsanwalt beim Königl. Landgericht

in

Dresden

zur gefälligen Auskunftsertheilung über die Vorstrafen der umstehend bezeichneten Person.

Datum: Berlin, den 5. Dezember 1895.

Unterschrift: N. N.
Untersuchungsrichter
beim Königl. Landgericht I Berlin

C.

Urschriftlich unter Bezugnahme auf beifolgenden Auszug zurück

an

den Herrn Untersuchungsrichter beim Königl. Landgericht I

in

Berlin.

Dresden, den 7. Dezember 1895.

N. N.
Staatsanwalt.

Auszug aus dem Strafregister

des **Landgerichts** zu **Dresden.**

Familienname (bei Frauen Geburtsname): **Schmid**

Vornamen (Rufname zu unterstreichen): Johanne Friederike

Familienstand: ~~ledig~~ verheirathet ~~verwittwet~~ ~~geschieden~~

Vor- und Familien- (Geburts-) name des (bezw. früheren) Ehegatten: Anton Krüger *früher verheirathet mit dem Schuhmacher Friedr. Aug.* ***Schulze*** *und geschieden.*

Des Vaters Vor- und Familienname: ~~Johann Schmid~~ *(unehel.)*

Der Mutter Vor- und Geburtsname: Auguste Wilhelmine ~~geb.~~ ***Schmid***

Geburtstag			Geburtsort			
Tag:	15.		Gemeinde:	Dresden	Landgerichtsbezirk:	Dresden
Monat:	April		ev. Straße, Stadttheil:	Neustadt	Staat:	Sachsen
Jahr:	1866		Verwaltungsbezirk:	Dresden		

Wohnort: **Potsdam** ev. letzter Aufenthaltsort:

Stand (Beruf, Gewerbe): ev. Stand des Ehemanns: Kutscher

ist ausweislich des Registers verurtheilt

Nr.	nach Mittheilung von	Aktenzeichen	am	durch	wegen	auf Grund von	zu
1.	**Amtsger. Rixdorf**	**E 301/94**	**5/7 1894**	**Landger. II Berlin**	**Landstreichens**	**§. 361 Nr. 3 St. G. B.**	**7 Tagen Haft, Ueberweisung an die Landespolizeibehörde**
2.	**Polizei-Präs. Berlin**	**I 2305**	**8/7 1894**	**Pol.-Präs. Berlin**	**vgl. Nr. 1**	**§. 362 Abs. 2 St. G. B.**	**8 Monaten Arbeitsh. (Rummelsburg)**
3.	**Staatsanw. Potsdam**	**L98/94**	**15/12 1894**	**Landger. Potsdam**	**versuchter intellekt. Urkundenfälschung**	**§§. 271, 43 St. G. B.**	**14 Tagen Gefängn.**

Nr.	nach Mittheilung von	Akten-zeichen	am	durch	wegen	auf Grund von	zu
4.	Amtsger. **Spandau**	C 292/95	2/3 1895	Amtsger. **Spandau**	Bettelns	§. 361 Nr. 4 St. G. B.	3 Tagen Haft
5.	Amtsger. **Potsdam**	E 160/95	30/3 1895	Schöffen-ger. **Potsdam**	Bettelns	§. 361 Nr. 4 St. G. B.	14 Tagen Haft
6.	Amtsger. **Branden-burg a. H.**	E 92/95	3/10 1895	Schöffen-ger. **Branden-burg a. H.**	Bettelns	§. 361 Nr. 4 St. G. B.	4 Wochen Haft

Ausser den vorstehend aufgeführten Verurtheilungen aus §. 361 Nr. 4 des Strafgesetzbuchs ist die bezeichnete Person vorher noch zweimal auf Grund dieser Bestimmung verurtheilt worden.

Verfolgende Behörde:	**Steckbriefnachricht** (D)*) für das Strafregister zu	Aktenzeichen:

Familienname (bei Frauen Geburtsname):

Vornamen (Rufname zu unterstreichen):

Familienstand: ledig verheirathet verwittwet geschieden

Vor- und Familien- (Geburts-) name des (bezw. früheren) Ehegatten:

Des Vaters Vor- und Familienname:

Der Mutter Vor- und Geburtsname:

Ge-burts-tag.	Tag: Monat: Jahr:	Ge-burts-ort.	Gemeinde: ev. Straße, Stadttheil: Verwaltungsbezirk:	Landgerichtsbezirk: Staat:

Wohnort: ev. letzter Aufenthaltsort:

Stand (Beruf, Gewerbe): ev. Stand des Ehemanns:

Vorbestraft wegen Verbrechen, Vergehen oder aus §. 361 Nr. 1—8 Strafgesetzbuchs: nein ja — zuletzt im Jahre —

Bemerkungen:

Gegen die vorstehend bezeichnete Person ist am Steckbrief erlassen worden.

Datum: Unterschrift:

Auskunft des Strafregisters zu

Die verfolgte Person ist nach Mittheilung de

am	durch	wegen	auf Grund von	zu
	**)			

rechtskräftig verurtheilt worden und befindet sich, wie hiernach anzunehmen, zur Zeit in Haft.

Die verfolgte Person befindet sich

Datum: Unterschrift:

*) Auf Papier von rother Farbe. (Anm. d. V.)

**) Hier ist auch das Aktenzeichen anzugeben. (Anm. d. V.)

Abschnitt V.

Ausführungsverfügung des Justizministers vom 7. September 1896

und

Runderlaß vom 24. April 1897, betreffend Strafaufschubsnachrichten.

A. Ausführungsverfügung des Justizministers vom 7. September 1896.

An Stelle der Ausführungsverfügung vom 12. Juli 1882 (Just.-Min.-Bl. S. 200) und der Allgemeinen Verfügungen vom 6. Oktober 1887 (J.-M.-Bl. S. 272), 21. Februar 1888 (J.-M.-Bl. S. 46) und 3. November 1890 Nr. 2 bis 6 (J.-M.-Bl. S. 280) tritt nachstehende Anweisung:

I. Thätigkeit der strafverfolgenden Behörden.

1. In allen Untersuchungen wegen strafbarer Handlungen, bezüglich deren im Falle der Verurtheilung eine Strafnachricht zu ertheilen ist (§ 2), ist von der Staatsanwaltschaft oder dem Gericht die Registerbehörde sobald als thunlich[1] um Auskunft über die Vorstrafen zu ersuchen.[2] [3] [4]

[1] Vorstrafen sind in den Fällen festzustellen, in welchen im Falle einer Verurtheilung Strafnachrichten auszufertigen sind und zwar sobald als thunlich, d. h. wenn die Sache entweder zur Anklageerhebung reif ist, oder das Vorleben des Beschuldigten auf die Entschließung, ob Anklage zu erheben oder das Verfahren einzustellen sei, von Einfluß sein könnte; dagegen ist in den Fällen, in denen von vornherein die Erhebung der Anklage ausgeschlossen erscheint, die Einforderung von Vorstrafen überflüssig.

[2] Stimmt der Registerauszug hinsichtlich der aufgeführten Strafen mit den in den Akten enthaltenen Angaben der Polizeibehörden oder des Beschuldigten nicht überein, so muß die strafverfolgende Behörde — wenn der Zweck des Registers erreicht werden soll — die Abweichungen feststellen und der Registerbehörde von dem Ergebnisse der angestellten Ermittelungen Nachricht geben, sofern der von dieser ertheilte Auszug thatsächlich unvollständig war. Zumeist wird sich hierbei herausstellen, daß der Beschuldigte früher unter abweichenden Personalien verurtheilt ist, daß die Strafnachricht nicht der zuständigen Registerbehörde übersandt oder daß gar keine ausgefertigt ist.

[3] Ist im Registerauszug auf Abweichungen in den Personalangaben hingewiesen, so muß eine Feststellung derselben im Interesse der Zuverlässigkeit des Strafregisters von Amtswegen erfolgen. Dieselbe soll sich nicht nur auf die unbescheinigten Angaben des Beschuldigten beschränken, sondern in Einholung pfarr- oder standesamtlicher Auskünfte bestehen.

[4] Da durch den Geburtsort die Zuständigkeit des Strafregisters bestimmt wird, so ist auf die sorgfältigste Feststellung desselben schon bei der verantwortlichen Vernehmung zu achten. Deshalb ist es unbedingt nöthig, daß der Verwaltungsbezirk (Kreis), in welchem der Geburtsort gelegen ist, gleich bei der verantwortlichen Vernehmung festgestellt wird und zwar auf Grund der Angaben der Beschuldigten, nöthigenfalls unter Aufführung der in der Nähe des Geburtsortes gelegenen größeren Städte. Ist dies verabsäumt, so wird von dem die Strafnachricht anfertigenden Beamten bei Ortschaften gleichen oder ähnlichen Namens mangels jeglichen Anhalts von den bei dem Ortschaftsnamen verzeichneten Kreisen ein beliebiger gewählt, welches Verfahren die Absendung der Strafnachricht an eine nicht zuständige Registerbehörde zur Folge hat, wenn nicht der angegebene Kreis zufällig der richtige ist.

II. Thätigkeit der Strafvollstreckungsbehörden.

2. In den vor die ordentlichen Gerichte gehörigen Strafsachen erfolgen die zum Zweck der Registrirung erforderlichen Mittheilungen durch die Straf-

vollstreckungsbehörden (die Staatsanwaltschaften bei den Landgerichten und die Amtsrichter).

Die Strafnachrichten sind von dem Sekretär oder Gerichtsschreiber, sobald das Urtheil oder der Strafbefehl rechtskräftig geworden ist, genau nach dem Inhalt der Akten anzufertigen, gegenzuzeichnen und zur Prüfung und Unterschrift vorzulegen.[5]

[5] Die Strafnachrichten sind alsbald nach der Rechtskraft des Urtheils oder Strafbefehls — in der Regel innerhalb 14 Tagen — von dem Sekretär oder Gerichtsschreiber anzufertigen und sogleich abzusenden und nicht etwa wie die Zählkarten zu sammeln. Die Strafnachrichten sind von dem Sekretär oder Gerichtsschreiber der Behörde anzufertigen, welcher die Strafvollstreckung obliegt, in Berufungssachen also von dem Gerichtsschreiber des Amtsgerichts. Der Aufnahme eines Vermerks, daß die Berufung oder Revision verworfen sei, bedarf es nicht. Ist das Urtheil des Schöffengerichts lediglich bestätigt, so wird bei Ausfüllung der Strafnachricht nur das Datum des schöffengerichtlichen Urtheils und als erkennendes Gericht auch nur dieses vermerkt. Ist das Urtheil abgeändert, so wird als Datum der Tag des Berufungsurtheils und als erkennendes Gericht die Strafkammer, als Aktenzeichen in beiden Fällen aber das des Amtsgerichts angegeben.

3. Walten Zweifel hinsichtlich der Richtigkeit der in den Akten erörterten persönlichen Verhältnisse des Verurtheilten ob oder haben diese im Laufe des Strafverfahrens nicht vollständig festgestellt[6] werden können, so sind die Strafvollstreckungsbehörden verpflichtet, vor Ausfertigung der Strafnachrichten geeignete Ermittelungen, erforderlichenfalls durch Anfragen bei den Standesämtern, den kirchlichen Behörden oder durch Einsicht der bei den Gerichten aufbewahrten Duplikate der Kirchenbücher und standesamtlichen Nebenregister vorzunehmen.

Hat eine derartige Feststellung der persönlichen Verhältnisse auf Grund von Urkunden stattgehabt, so ist hierüber in Spalte „Sonstige Bemerkungen" ein kurzer Vermerk aufzunehmen (z. B. „Eltern, Geburtstag — und -Ort durch Geburtsurkunde festgestellt").

Im Uebrigen sind die Eintragungen in diese Spalte möglichst zu beschränken, ein Signalement ist nicht aufzunehmen, die Angabe besonderer Kennzeichen dagegen zulässig.

[6] Vermerke hinsichtlich der Personalien „nicht bekannt", oder „bei den Akten nicht bekannt", sind nicht zulässig.

Sind die Personalien des Verurtheilten im Laufe des Verfahrens nicht festgestellt worden, so ist dies jedenfalls bei Ausfertigung und vor Absendung der Strafnachrichten nachzuholen. Das Ergebniß dieser Feststellung ist kurz in Spalte „Bemerkungen" anzugeben. Dies ist äußerst wichtig und darf nicht verabsäumt werden, da andernfalls, bei einer weiteren Verurtheilung, dieselben Feststellungen nochmal getroffen werden müßten. Aus gleichem Grunde ist es sehr zweckmäßig, in jedem Falle, wenn die Geburtsurkunde eines Verurtheilten zu den Akten erfordert ist, in der Strafnachricht in Spalte „Sonstige Bemerkungen" einen Vermerk „Personalien aus der Geburtsurkunde festgestellt" aufzunehmen. Damit dies nicht übersehen wird, empfiehlt es sich, gleich bei Eingang einer Geburtsurkunde oder eines sonstigen Personalausweises in dem Protokoll über die verantwortliche Vernehmung und auf dem Strafauszuge kurz zu vermerken „Geb.Urk. Bl. . . . . d. A."

4. War von der Registerbehörde bei der Auskunftsertheilung über die Vorstrafen auf Abweichungen in den Angaben der Registervermerke über die persönlichen Verhältnisse hingewiesen worden (vergl. unten Nr. 25 Abs. 2), so

ist, sofern nicht die abweichenden Angaben bestätigt und in die Strafnachricht aufgenommen oder gemäß Nr. 3 Abs. 2 durch Bezugnahme auf Urkunden richtig gestellt worden sind, das Ergebniß der Ermittelungen über die fraglichen Punkte der Registerbehörde bei Uebersendung der Strafnachricht auf einem Anlagezettel kurz mitzutheilen und dabei zu bemerken, ob die registrirten Vorstrafen von dem Verurtheilten anerkannt worden sind.[7]

[7] Das zu Nr. 3 Gesagte gilt auch hier. Auf die vom Registerführer mit rother Tinte gekennzeichneten Abweichungen in den Personalangaben hat in erster Linie die strafverfolgende Behörde und, wenn diese es verabsäumt hat, die Strafvollstreckungsbehörde die erforderlichen Feststellungen zu veranlassen. Das Ergebniß derselben ist in der später auszufertigenden Strafnachricht zu vermerken oder auf einem Anlagezettel kurz mitzutheilen.

5. Sind bei Ausfertigung einer Strafnachricht gemäß § 10 Nr. 1 der Verordnung noch andere, bisher nicht registrirte[8] Vorstrafen mitzutheilen, so ist nur ein Formular A zu benutzen, auf dessen Rückseite die Auszüge der früheren Urtheile zu vermerken sind. Dabei ist die zweite Spalte der Rückseite („nach Mittheilung von") nicht auszufüllen, es ist jedoch, sofern die Verurtheilung in höherer Instanz ausgesprochen ist, in der dritten Spalte („Aktenzeichen") auch das Gericht erster Instanz anzugeben.[9] [10]

[8] Auf der Rückseite der Strafnachricht sind nur der Registerbehörde bisher nicht bekannte Strafen, die also in dem bei den Akten befindlichen von der Registerbehörde übersandten Auszuge nicht enthalten sind, mitzutheilen. Sollten dies nach dem 1. Oktober 1882 ausgesprochene Strafen sein, so ist in jedem Falle festzustellen, aus welchem Grunde die fraglichen Strafen zum Register nicht mitgetheilt sind.

[9] Hinsichtlich der Vorstrafenspalte in der Strafnachricht A sei hier noch bemerkt, daß die Ausfüllung derselben, wenn die Strafnachricht nicht beanstandet werden soll, unerläßlich ist. Hierbei ist zu beachten, daß das Nichtzutreffende des Vordrucks zu durchstreichen ist. Das Wort „nein" bleibt allein stehen, wenn der Verurtheilte noch nicht vorbestraft ist; das Wort „ja" wird allein nicht durchstrichen, wenn der Verurtheilte vorbestraft ist und die Vorstrafen der Registerbehörde bekannt sind; die Worte „ja — vergl. Rückseite" bedeuten, daß der Verurtheilte vorbestraft ist, die Vorstrafen oder eine derselben der Registerbehörde aber nicht bekannt sind und auf der Rückseite mitgetheilt werden. Trotzdem die Ausfüllung dieser Spalte keine Schwierigkeiten zu bieten scheint, wird sie doch in den meisten Fällen unrichtig bewirkt.

[10] Ebenso sei hier noch darauf hingewiesen, daß die Ausfüllung der Spalte „Familienstand" in der Weise erfolgt, daß von dem Vordruck die nicht in Betracht kommenden Worte durchstrichen werden. Eine Unterstreichung findet also in keinem Falle statt.

6. Falls der Geburtsname einer verheiratheten oder verwittweten Frau sich mit Sicherheit nicht feststellen läßt, ist eine zweite Strafnachricht auf den durch die Verheirathung erlangten Namen anzufertigen (z. B. „Erwinski angeblich geborene Zach"). In jedes Exemplar ist in der obersten Spalte ein Hinweis auf die zweite Strafnachricht aufzunehmen.[11]

[11] Vgl. hierzu § 11 der Verordnung Seite 48.

III. Thätigkeit der Registerbehörden.

a) Allgemeine Bestimmungen.

7. Registerbehörde[12] ist die Staatsanwaltschaft bei dem Landgerichte. Der Sekretär hat nach den Weisungen des Ersten Staatsanwalts die Register zu führen und die damit verbundenen Büreaugeschäfte zu erledigen.

Die Aufsicht über die Registerbehörde führt unter Leitung des Justizministers der Oberstaatsanwalt.

[12] Die Nachweisung der Registerbehörden ist im III. Abschnitt Seite 22 abgedruckt.

8. Die Strafnachrichten werden im Dienstzimmer des Registerführers in Schränken[13] aufbewahrt, welche der Größe der Formulare A, B, D entsprechende Fächer enthalten. In diesen werden die Strafnachrichten in einer Anzahl von je höchstens vierhundert Blättern und zwar, soweit nicht die Einrichtung der vorhandenen Schränke entgegensteht, in Pappkästen[13] niedergelegt. Die Fächer oder Pappkästen sind nach den Buchstaben des Alphabets und, sofern mehrere für denselben Buchstaben bestimmt sind, nach Namen oder Anfangssilben von Namen zu bezeichnen.

[13] Vergl. Cirk.-Verf. v. 18. 7. 82 und 5. 7. 86 Seite 19 und 25 Abschn. III.

9. Die bei der Registerbehörde eingehenden Strafnachrichten und Ersuchen um Auskunftsertheilung werden von dem Ersten Staatsanwalt mit dem Vermerk des Zeitpunkts des Eingangs versehen, ihre Eintragung in das Tagebuch[14] erfolgt nur, wenn dieselbe ausnahmsweise angeordnet werden sollte.

[14] Nach der vom 1. Januar 1900 ab gültigen Geschäftsordnung für die Sekretariate der Staatsanwaltschaften bei den Landgerichten vom 28. November 1899 ist ein Tagebuch nur noch in Justizverwaltungssachen zu führen. Sofern daher die bei der Registerbehörde eingehenden Strafnachrichten und Ersuchen um Auskunftsertheilung zu einem Schriftwechsel Veranlassung geben, sind dieselben, falls angeordnet, bei den Sammel- (General-) Akten betr. das Strafregister (§ 7 Nr. 2 der Geschäfts-Ordnung) vorzulegen und mit einer Ordnungsnummer zu versehen.

b) Behandlung der eingehenden Strafnachrichten.

10. Die Strafnachrichten sind sofort nach ihrem Eingange einer Prüfung[15] zu unterziehen. Daß der Registerführer auch die Richtigkeit der in denselben enthaltenen Angaben über die persönlichen Verhältnisse des Verurtheilten auf Grund der Geburtsregister prüft (§ 14 Abs. 1), ist bis auf Weiteres nicht erforderlich.

[15] Eine sorgfältige Prüfung der eingehenden Strafnachrichten hinsichtlich der Personalien und des Inhalts ist durchaus erforderlich. Beanstandete Nachrichten sind zwecks Vervollständigung oder Berichtigung zurückzuschicken. Im Kammergerichtsbezirk ist zu diesem Zwecke das nachstehend abgedruckte, durch Umdruck herzustellende Formular zu benutzen.

Form. D.

Mit der Strafnachricht betreffend:

an

d . . Königliche . . .

zu

. . . .

mit dem Ersuchen um Angabe

a) der hier nicht bekannten Vorstrafen auf der Rückseite,
b) des Aktenzeichens,
c) der richtigen Vornamen,
d) des richtigen Geburtstages,
e) des Standes,
f) der Namen der Eltern,
g) des letzten Wohnorts

um Beifügung der Strafnachricht A.

. . . . . ., den . . . . . . 1900.

Der Erste Staatsanwalt.

Zunächst hat der Registerführer die örtliche Zuständigkeit zu prüfen. Hat er sich derselben vergewissert, so ist zu prüfen, ob die Mittheilung eine Strafthat betrifft, bezügl. deren eine Strafnachricht gemäß §§ 2 u. 3 der Verordnung anzufertigen war, und wenn dies der Fall, ob die angegebenen Strafen den aufgeführten Strafthaten und in Bezug genommenen Gesetzesparagraphen entsprechen. Nicht selten ist statt Gefängniß-, Haftstrafe und umgekehrt geschrieben, oder es sind falsche Gesetzesparagraphen angezogen u. a. m. Alsdann ist zu unterscheiden, ob der Verurtheilte nach Inhalt der Nachricht vorbestraft ist oder nicht. Im letzteren Fall sind die Personalien, da es sich um eine erste Strafnachricht handelt, ganz besonders auf ihre Vollständigkeit zu prüfen. Ist der Verurtheilte vorbestraft, so kann einstweilen von dem Mangel einzelner Personalangaben abgesehen werden. Der Mangel wird am besten durch einen farbigen Strich markirt. Bei der nunmehr erfolgenden Einfächerung dieser letzteren und der nicht beanstandeten Strafnachrichten erfolgt eine weitere Prüfung bezügl. der Uebereinstimmung der Personalangaben der neuen Strafnachricht mit denen der bereits im Register befindlichen bezw. der Strafliste. Ist die Identität zweifellos, so kann, wenn die neue Strafnachricht unvollständige Personalangaben enthielt, dieselbe trotzdem in die Strafliste aufgenommen werden. Sind die Angaben hinsichtlich der Vornamen, des Geburtstages und -Orts oder der Namen der Eltern abweichend angegeben, die Identität aber sonst zweifellos, so ist die Strafnachricht nach Uebertragung des Auszuges der verurtheilenden Entscheidung zwecks Ermittelung der richtigen Personalien zurückzusenden. (Wiederholt hat sich bei solchen nachträglichen Feststellungen ergeben, daß die Verurtheilung unter falschem Namen erfolgt ist.) Das Ergebniß ist demnächst in Spalte „Sonstige Bemerkungen" kurz zu notiren. („Personalien durch Nr. . . . pfarramtlich festgestellt".) Ebenso sind hier Vermerke aufzunehmen, wie: „Personalien, wie roth abgeändert, aus der Geb.Urk.", oder „giebt gewöhnlich als Vornamen . . ., als Geburtsdatum . . . an" u. s. w. Aenderungen des Wohnorts, Standes und Familienstandes sind ebenfalls nachzutragen.

Ist der Verurtheilte nach Inhalt der Mittheilung vorbestraft, das Register weist aber Vorstrafen nicht nach, so geht die Strafnachricht zwecks Angabe der Vorstrafen zurück. Werden dann auf der Rückseite weitere Strafen und darunter solche, die nach dem 1. Oktober 1882 erkannt sind, mitgetheilt, so wäre es ein großer Fehler, diese Strafnachrichten ohne Weiteres in das Register aufzunehmen. Es bleibt dann noch zu prüfen, aus welchen Gründen die Verurtheilungen nicht zum Register mitgetheilt sind. In vielen Fällen wird sich dabei herausstellen, daß die Nachrichten auf Grund falscher Personalangaben an anderer Stelle oder bei andern Registerbehörden lagern.

11. Eine Strafnachricht, welche für das Register des Geburtsorts bestimmt ist, wird, wenn der Geburtsort zu einem anderen Bezirk gehört, an die richtige Registerbehörde abgegeben. Ist diese nicht bekannt oder ist aus der Strafnachricht ersichtlich, daß noch ein anderes Exemplar vorhanden ist (§ 9), so erfolgt die Rücksendung an die Strafvollstreckungsbehörde.

Bei der Rücksendung an eine Preußische — oder eine zum Bezirk des Oberlandesgerichts Jena gehörige[16] — Justizbehörde, sowie bei Abgabe der Strafnachricht an die richtige Registerbehörde, hat der Registerführer auf der Rückseite der Strafnachricht — oder falls es sich um eine erste Strafnachricht A handelt, welche demnächst als Strafliste Verwendung finden kann (vgl. § 15 Abs. 3 und Nr. 15 Satz 2), auf einem besonderen Anlagezettel — kurz den Grund zu vermerken (z. B. „Crölga gehört zum Landgericht Rudolstadt. — Erfurt, den 4./2. 1896. N. Sekretär").

In den Fällen des § 14 Abs. 2 der Verordnung sowie bei Strafnachrichten, welche nicht von einer Preußischen — oder einer zum Bezirk des Oberlandesgerichts Jena gehörigen[16] — Justizbehörde ertheilt sind, ist die Rücksendung durch besonderes, von dem Ersten Staatsanwalt zu vollziehendes Anschreiben zu bewirken.[17]

[16] Diese Nummer ist hier in der Fassung, die sie durch die Allg. Verf. vom

13. 4. 97 (J.M.Bl. S. 92) erhalten hat, wiedergegeben. Die Zusätze sind durch gesperrten Druck kenntlich gemacht.

[17] Gemäß der Anordnung im Abs. 3 hat die Rücksendung von Strafnachrichten mit besonderem von dem Ersten Staatsanwalt zu vollziehenden Schreiben zu erfolgen, wenn sie:

1. an eine andere als eine Justizbehörde,
2. an eine nicht Preußische oder zum Bezirke des Oberlandesgerichts Jena gehörige Justizbehörde,
3. zwar an eine Preußische Justizbehörde, aber zum Zwecke der Vervollständigung oder Berichtigung

erfolgen soll.

12. Die bei der Prüfung nicht beanstandeten Strafnachrichten sind täglich[18] in die Registerfächer zu vertheilen. Die Niederlegung erfolgt unter strenger Beobachtung der lexikographischen Ordnung, bei gleichen Familiennamen unter Berücksichtigung des Rufnamens,[19] bei gleichen Familien- und Rufnamen unter Berücksichtigung des Alters der Verurtheilten.

Familiennamen, deren Schreibweise erfahrungsmäßig keine feststehende ist (z. B. Schulz, Schulze, Schultz, Schultze) sind hinsichtlich der lexikographischen Ordnung als ein gleichlautender Name zu behandeln.[20] Es wird sich unter Umständen empfehlen, für einen solchen Namen ein besonderes Fach anzulegen.

[18] Die tägliche Einfächerung der Strafnachrichten ist wesentlich, einmal, um stets vollständige Auskünfte ertheilen zu können, dann auch wegen der bezüglich niedergelegter Steckbriefnachrichten etwa zu gebenden Nachrichten, die sonst vielleicht den suchenden Behörden erst zugehen würden, wenn der Verurtheilte bereits wieder aus der Haft entlassen ist.

[19] Die Niederlegung der Strafnachrichten gleichen Familiennamens unter Berücksichtigung des Rufnamens ist nicht bedenkenfrei, da die Beschuldigten ihren Rufnamen oft wechselnd angeben. Bei häufig vorkommenden Familiennamen wird dann stets eine unrichtige Auskunft ertheilt werden, wenn in die Anfrage nur der angebliche (falsche) Rufname aufgenommen ist. Sind mehrere Vornamen angegeben, so muß der Registerführer unter allen Vornamen nachsehen, sofern er unter dem Rufnamen Vorstrafen nicht findet. Sicherer ist die Ordnung nach dem Geburtstage, da sich dieser mit positiver Gewißheit feststellen läßt, während dies bezüglich des Rufnamens nicht der Fall ist, da die Geburtsregister größtentheils darüber keine Auskunft geben. In der Registerordnung für das Großherzogthum Baden ist jedenfalls aus letzterem Grunde bestimmt, daß Nachrichten über verschiedene Personen gleichen Namens nach dem Vornamen, bei mehreren Vornamen nach dem ersten derselben zu ordnen sind. Diese Ordnung ist allerdings ebensowenig einwandsfrei, da die Reihenfolge der Vornamen oft wechselt, vielfach auch nicht alle Vornamen aufgeführt werden.

[20] Von der Bestimmung, Familiennamen, deren Schreibweise keine feststehende ist, hinsichtlich der Ordnung im Register als gleichlautende Namen zu behandeln, ist ein ausgedehnter, aber verständiger Gebrauch zu machen, da sonst für eine Person leicht an verschiedenen Stellen Strafnachrichten oder Straflisten aufbewahrt werden können. Dies zu verhüten, muß der Registerführer ganz besonders bestrebt sein. Er hat daher sämmtliche Strafnachrichten aller einen derartigen Namen führenden Personen unter der am häufigsten vorkommenden Schreibart einzuordnen und, um vorzubeugen, daß später an falscher Stelle eingefächert wird, sowie um das Auffinden der Strafnachrichten zu erleichtern, an der betreffenden Stelle im Register, wo die andern Schreibarten des Namens zu finden sein müßten, Hinweise niederzulegen, wo der Name zu suchen ist.

c) Straflisten.

13. Die Anlegung einer Strafliste (§ 15 Abs. 2) ist stets zu bewirken, sobald eine zweite zweifellos dieselbe Person betreffende Strafnachricht (A oder B) eingeht.[21]

[21] Durch die Anlegung von Straflisten ist das Register übersichtlicher und handlicher geworden und wird dadurch die Zuverlässigkeit desselben erhöht.

14. Sämmtliche Eintragungen in eine Strafliste sind von dem Registerführer eigenhändig[22] zu bewirken.

Wird zur Anlegung einer Strafliste nicht die erste niedergelegte Strafnachricht A, sondern das Formular einer solchen benutzt, so ist in der obersten Spalte der Vordruck „Mittheilende Behörde" und „Aktenzeichen" zu durchstreichen und unterhalb der ersteren Worte der Vermerk: „Strafliste angelegt am . . . . ." einzutragen.

Hat eine urkundliche Feststellung der persönlichen Verhältnisse stattgehabt (Nr. 3 Abs. 1 und 2), so ist dieses in Spalte „Sonstige Bemerkungen" ersichtlich zu machen (z. B. „Eltern, Geburts-Tag und Ort auf Grund der Geburtsurkunde durch Nr. 2 festgestellt").

[22] Die Eintragungen in die Strafliste sind von dem Registerführer eigenhändig zu bewirken; es ist deshalb auch die Benutzung von Stempeln hierzu ausgeschlossen. Aus der Handschrift läßt sich mit Leichtigkeit feststellen, wer die Eintragungen bewirkt und die Verantwortung dafür zu tragen hat.

15. Die einzelnen Urtheilsauszüge sind in die Strafliste nach der Zeitfolge[23] der Verurtheilung einzutragen. Als Strafliste darf deshalb eine Strafnachricht, auf deren Rückseite frühere Vorstrafen von der mittheilenden Behörde vermerkt sind (Nr. 5), nicht verwendet werden.

Geht unter Bezugnahme auf eine bereits vorliegende Strafnachricht B eine Mittheilung der Landespolizeibehörde über nachträgliche Verlängerung der ursprünglich festgesetzten korrektionellen Nachhaft ein, so ist diese Nachricht ohne besondere Nummer in der die Strafnachricht B enthaltenden Spalte nachzutragen.

[23] Die Eintragung der einzelnen Urtheilsauszüge in die Strafliste nach der Zeitfolge der Verurtheilung, läßt sich nicht immer durchführen, da einmal die Strafnachrichten nicht immer innerhalb der vorgeschriebenen Frist eingehen, andererseits auch die Rechtskraft des Urtheils- oder Strafbefehls oft erst sehr viel später eintritt. Es kann daher die Uebertragung der neu eingehenden Strafnachrichten nur nach der Zeitfolge des Eingangs geschehen.

16. Die Urschriften der in eine Strafliste übertragenen Vermerke sind aus dem Register zu entfernen; neu eingehende Strafnachrichten, deren Inhalt in eine Strafliste überführt wird, werden in das Register nicht aufgenommen.

d) Berichtigungen der Strafnachrichten und Listen durch den Registerführer.

17. Nachträgliche Berichtigungen von Strafnachrichten und Straflisten (§§. 10 Nr. 2, 12, 15 Abs. 3 letzter Satz) sind von dem Registerführer auf denselben mit rother Tinte einzutragen.

e) Durchsicht der Registerfächer.

18. Sämmtliche Fächer des Registerschranks sind von zwei zu zwei Jahren einer genauen Durchsicht[24] zu unterziehen.

[24] Die Durchsicht muß, wenn sie Werth haben soll, mit großer Gründlichkeit erfolgen. Sie nimmt daher einen erheblichen Theil der Arbeitszeit des gewissenhaften

Registerführers in Anspruch. Bei der Durchsicht ist zu prüfen, ob die Strafnachrichten an gehöriger Stelle liegen, ob Strafnachrichten, für die eine andere Registerbehörde zuständig ist, niedergelegt sind, oder ob Strafnachrichten, die über 80 Jahre alte Personen betreffen, oder Steckbriefsnachrichten, die länger als 3 Jahre niedergelegt sind, oder Strafaufschubsnachrichten, bezüglich deren die Bewährungsfrist abgelaufen ist, aus dem Register entfernt werden können. Ferner ist immer wieder darauf zu achten, daß Strafnachrichten, gleichlautende Familiennamen mit verschiedener Schreibweise betreffend, nur an einer Stelle im Register niederliegen, an den andern aber Hinweise die Auffindung erleichtern (s. Anm. zu Nr. 12).

f) Aussonderung niedergelegter Vermerke.

19. Vermerke, welche einen unter falschem Namem Verurtheilten betreffen und nach §. 10 Nr. 2 der Verordnung auszusondern sind, sowie Vermerke über Personen, deren Tod dem Registerführer glaubhaft nachgewiesen ist (vergl. die Cirkularverfügung v. 4. April 1887 — I. 1143 —, den Erlaß des Herrn Ministers des Innern v. 14. Juli 1890 — Min.-Bl. f. d. innere Verw. S. 139, abgedr. Just.-Min.-Bl. S. 280 — und des Herrn Kriegsministers v. 11. Mai 1891 — Armee-Verordnungs-Bl. S. 145 —)[25] sind aus dem Register zu entfernen, sobald der Grund für ihre Aussonderung dem Registerführer bekannt wird.

[25] Die angezogenen Verfügungen sind im III. Abschnitt Seite 25, 33, und 84 abgedruckt.

20. Sind in den bei den Registerbehörden eingehenden Nachweisungen über den Tod Vorbestrafter (vergl. die unter Nr. 19 erwähnten Erlasse des Herrn Ministers des Innern und des Herrn Kriegsministers)[26] solche Personen aufgeführt, deren Geburtsort entweder in einem anderen Registerbezirk liegt, oder sich außerhalb des Deutschen Reichs befindet oder nicht zu ermitteln ist, so sind dieselben der zuständigen Registerbehörde (§ 7 Nr. 1 und 2) namhaft zu machen. Hierfür sind Formulare zu verwenden, welche den Inhalt der Nachweisung wiedergeben.

[26] Vergl. auch die Verf. des Minist. d. Inn. vom 9. 3. 99 Seite 35 im III. Abschnitt.

21. Ersieht der Registerführer bei Aussonderung einer Strafnachricht in Folge Todes des Verurtheilten, daß ein gleicher Vermerk in einem anderen Strafregister niedergelegt ist, so hat er diese Registerbehörde in Kenntniß zu setzen. Die Benachrichtigung erfolgt durch Uebersendung der ausgesonderten Strafnachricht, welche zu durchstreichen und mit einem entsprechenden Vermerk zu versehen ist (z. B.

„Wegen Todes des X hier ausgesondert.
Berlin, den .... N. Sekretär").

22. Die Vermerke, welche über achtzig Jahre alte Personen betreffen (§. 16 Abs. 2), sind bei Gelegenheit der Einreihung der Straf- oder Steckbriefnachrichten und der sonstigen Einsicht des Registers sowie bei der unter Nr. 18 vorgeschriebenen Durchsicht der Fächer auszusondern.[27]

[27] Gehen Strafnachrichten bezüglich 80 Jahre alter Personen ein, so sind dieselben zweckmäßig dennoch in das Register aufzunehmen und darin zu belassen. Zur größeren Sicherheit dürfte es sich empfehlen, Strafnachrichten bezüglich 80 Jahre alter Personen

nur dann aus dem Register zu entfernen, wenn seit der letzten Bestrafung 10 Jahre verflossen sind, also Rückfall nicht mehr in Frage kommt; der Tod dürfte dann auch wahrscheinlich sein.

23. Die aus dem Register entfernten, sowie die in Folge Eintragung in eine Strafliste nicht in dasselbe aufgenommenen Vermerke (Nr. 19, 22 und 16) sind alljährlich unter amtlicher Aufsicht zu vernichten.

g) Auskunftsertheilung.

24. Die Strafauszüge und Negativatteste werden von dem Registerführer angefertigt[28] und unterschrieben. Der Erste Staatsanwalt hat auf ihre vorschriftsmäßige Form zu achten und hin und wieder die Richtigkeit ihres Inhalts zu prüfen.[29]

[28] Bezüglich der Anfertigung der Strafauszüge ist die Bestimmung, daß dieselbe durch den Registerführer erfolgen soll, bei der steigenden Arbeitszunahme im Strafregister nicht aufrecht zu erhalten gewesen, je nach Bedürfniß ist nachgelassen, daß dieselbe ganz oder theilweise durch die Kanzlei erfolgt, oder es ist eine Vermehrung der Bureaukräfte eingetreten.

[29] Die Schreiben, mit denen die Strafauszüge der ersuchenden Behörde zurückgesandt werden, bedürfen der Vollziehung durch den Ersten Staatsanwalt nicht.

25. Ermittelungen des Registerführers darüber, ob die in dem Ersuchen bezeichnete Person an dem angegebenen Orte geboren ist, sind bis auf Weiteres nicht erforderlich.

Ergiebt sich aus dem Register, daß in einem Ersuchen die persönlichen Verhältnisse unvollständig wiedergegeben sind oder in erheblichen Punkten von den Angaben der Registervermerke abweichen,[30] so hat der Registerführer nach Maßgabe der letzteren die Personalien auf dem Ersuchen mit rother Tinte zu vervollständigen und die Abweichungen zu kennzeichnen (vergl. das Formular S. 291),[31] zutreffendenfalls mit dem Zusatz: „laut Taufschein, Geburtsurkunde" (Nr. 3 Abs. 2, 14 Abs. 3).

[30] Siehe Anmerkung 7 zu Nr. 4 in diesem Abschnitt.

[31] Abgedruckt Seite 73.

26. Dem Ersuchen einer Deutschen Behörde, telegraphische Auskunft zu ertheilen, ist ausnahmslos zu entsprechen. Gehört die ersuchende Behörde einem anderen Bundesstaate an, so sind die durch die Auskunftsertheilung entstehenden Telegraphengebühren zur Erstattung zu liquidiren.[32]

Hat die um Auskunft ersuchende Behörde das Antwortstelegramm bezahlt (§. 11 Telegraphenordnung v. 15. Juni 1891, Centralblatt f. d. Deutsche Reich S. 162),[33] so ist die telegraphische Auskunftsertheilung thunlichst auf die bezahlte Wortzahl zu beschränken.

[32] Hat zwar eine preußische aber keine Staatsbehörde (Kommunalbehörden u. s. w.) um telegraphische Auskunft ersucht, so sind die entstandenen Telegraphengebühren ebenfalls zur Erstattung zu liquidiren, da nach Absatz 1 und 2 § 17 der Verordnung die Behörden nur auf die dort bezeichnete (schriftliche) Auskunft Anspruch haben. Stellen die Behörden ein weitergehendes Verlangen auf telegraphische Auskunft, so müssen sie die dadurch entstandenen Kosten auch tragen. Telegraphische Auskunftsertheilungen an Militärbehörden und Truppentheile erfolgen gebührenfrei.

[33] § 11 der Telegraphenordnung vom 15. Juni 1891.

Bezahlte Antwort. § 11.

I. Der Aufgeber kann die Antwort, welche er von dem Empfänger verlangt, vorausbezahlen; die Vorausbezahlung darf indessen die Gebühr eines Telegramms irgend einer Art von 30 Wörtern nicht überschreiten.

II. Will der Auftraggeber die Antwort vorausbezahlen, so hat er in die Urschrift, und zwar vor die Aufschrift, den Vermerk „Antwort bezahlt" oder „(R.P.)", eintretenden Falles unter Beifügung einer Angabe über die vorausbezahlte Wortzahl, niederzuschreiben und den entsprechenden Betrag innerhalb der durch die Bestimmung zu I gezogenen Grenze zu entrichten. Hat der Aufgeber die Wortzahl nicht angegeben, so wird die Gebühr eines gewöhnlichen Telegramms von 10 Wörtern erhoben. Der Aufgeber, welcher eine dringende Antwort vorausbezahlen will, hat den unter Umständen durch die Angabe der Wortzahl zu ergänzenden Vermerk „Dringende Antwort bezahlt" oder „(R.P.D.)" vor die Aufschrift niederzuschreiben. Es kommt alsdann die Gebühr eines dringenden Telegramms von entsprechender Wortzahl zur Erhebung.

III. Am Bestimmungsorte übersendet die Ankunftsanstalt dem Empfänger mit der Telegrammausfertigung ein Antwortsformular, welches demselben die Befugniß ertheilt, in den Grenzen der vorausbezahlten Gebühr ein Telegramm an eine beliebige Bestimmung innerhalb 6 Wochen, vom Tage der Ausstellung des Formulars ab gerechnet, unentgeltlich aufzugeben.

IV. Wenn die für ein Antwortstelegramm zu entrichtende Gebühr den Werth des für dasselbe vorausbezahlten Betrags übersteigt, so ist das Mehr der Gebühr baar zu entrichten. Im entgegengesetzten Falle verbleibt das Mehr des vorausbezahlten Betrages gegen die tarifmäßige Gebühr der Telegraphenverwaltung.

V. Eine Rückzahlung der Antwortgebühr findet, abgesehen von dem im § 20 I erwähnten Falle nicht statt.

VI. Kann das Ursprungstelegramm bei der Ankunft nicht bestellt werden, dann wird die im § 22 vorgesehene telegraphische Meldung über die Unbestellbarkeit an die Aufgabeanstalt sogleich erstattet. Wenn keine Berichtigung erfolgt, benachrichtigt die Ankunftsanstalt den Aufgeber von der Unbestellbarkeit durch eine dienstliche Meldung, welche die Stelle der Antwort vertritt, sobald die zur Auffindung des Empfängers unternommenen Nachforschungen sich als fruchtlos erwiesen haben, spätestens nach 8 Tagen. Verweigert der Empfänger ausdrücklich die Annahme des für die Antwort bestimmten Formulars, so giebt die Auskunftsanstalt dem Aufgeber ebenfalls Kenntniß durch eine dienstliche Meldung, welche gleichfalls die Stelle der Antwort vertritt.

h) Führung des Notizbuchs.

27. Ueber die in das Strafregister niedergelegten und aus demselben herausgegebenen Strafnachrichten und Straflisten hat der Registerführer vom 1. Oktbr. 1896 ab nach dem probeweise ausgefüllten Formular Nr. 1 ein Notizbuch zu führen und jährlich abzuschließen. Steckbriefnachrichten sind in dasselbe nicht aufzunehmen.[34]

Die Eintragungen können auf Grund vorläufiger Notizen wöchentlich bewirkt werden.

[34] Auch Strafaufschubsnachrichten sind nicht aufzunehmen.

IV. Steckbriefnachrichten.

28. Auf die Behandlung und Verwahrung der Steckbriefnachrichten finden die Vorschriften der Nr. 8 bis 12 entsprechende Anwendung.[35] Die Aussonderung der Steckbriefnachrichten erfolgt, sobald die Erledigung des Steckbriefs dem Registerführer bekannt wird; die seit länger als drei Jahren niedergelegten Steckbriefnachrichten sind bei Gelegenheit der Einsicht des Registers und der Durchsicht der Fächer (Nr. 18) auszusondern.

[35] Vergleiche die Anmerkungen zu § 18a der Verordnung S. 53.

V. Mittheilungen von Strafnachrichten an ausländische Regierungen.

29. Für die in den Allgemeinen Verfügungen v. 30. Juni 1888 Just.-Min.-Bl. S. 167), 9. November 1889 (Just.-Min.-Bl. S. 268) und 17. Dezember 1894 (Just.-Min.-Bl. S. 349)[36] vorgeschriebenen Mittheilungen von Strafnachrichten an ausländische Regierungen ist unter entsprechender Anwendung der daselbst für die Ausfertigung gegebenen Sonderbestimmungen das Formular A zu benutzen.

Zur Nachachtung wird Folgendes hervorgehoben:

Die Mittheilung liegt den Strafvollstreckungsbehörden ob. — Ist die Strafnachricht für eine ausländische Regierung bestimmt, mit welcher auf Grund von Vereinbarungen ein regelmäßiger Austausch von Strafnachrichten stattfindet (d. i. mit Belgien, Brasilien, Italien, Luxemburg, Portugal, der Schweiz und Spanien), so geschieht die Mittheilung:

a) wenn über die Verurtheilung nach §§. 2 und 7 Nr. 2 der Verordnung eine Strafnachricht für das Reichsjustizamt (Strafregister) anzufertigen ist, in der Weise, daß die für die ausländische Regierung bestimmte Strafnachricht der an das Reichs-Justizamt zu übersendenden unter Umschlag, jedoch ohne Anschreiben beigefügt wird,

b) in allen anderen Fällen durch Einreichung an den Justizminister mittels Berichts.[37]

Empfiehlt sich ausnahmsweise die Mittheilung an eine andere als die vorgenannten Regierungen (Nr. 2 der Allgemeinen Verfügung vom 30. Juni 1888),[36] so ist wie unter b zu verfahren, jedoch in dem Bericht auch der Grund für die ausnahmsweise Uebersendung darzulegen.

[36] Die vorstehend gedachten Verfügungen sind im III. Abschnitt Seite 30 und 32 abgedruckt. Vergleiche daselbst ferner die Allg. Verf. v. 25. April 1898 Seite 83.

[37] Ist die Verurtheilung wegen eines der im § 2 Absatz 2 der Verordnung aufgeführten Vergehen erfolgt, so unterbleibt zwar die Aufstellung einer Strafnachricht für das inländische Register, doch findet die Uebersendung einer Strafnachricht an die genannten ausländischen Regierungen statt.

VI. Uebergangs- und Schlußbestimmungen.[38]

30. Die Wiedereinreihung der in Artikel 6 Abs. 3 der Verordnung vom 9. Juli 1896 erwähnten Vermerke ist sofort zu bewirken.

[38] Eine Bestimmung, daß die im § 19 der Geschäftsordnung für die Sekretariate der Staatsanwaltschaften vom 2. August 1879 vorgeschriebenen bis 1. Oktober 1882 geführten Verzeichnisse der bestraften Personen, und die denselben Zwecken dienenden vor dem 1. Oktober 1879 geführten Listen und Akten bei Ausfertigung der Strafauszüge noch zu benutzen sind, ist nicht wieder aufgenommen. Das lästige, zeitraubende und zumeist ergebnißlose Durchsehen dieser alten Register ist daher für gewöhnlich nicht erforderlich; nicht aber ist ausgeschlossen, daß dieselben auf Anordnung in einem besonderen Falle noch durchzusehen sind.

31. Insoweit von den bis zum 1. Oktober 1896 niedergelegten Vermerken mehrere dieselbe Person betreffen, sind die auf denselben verzeichneten Strafnachrichten sämmtlich bis zum 31. Dezember 1898 auf Straflisten zurückzuführen. Die Anlegung der letzteren ist bei der Auskunftsertheilung über die Vorstrafen und bei Gelegenheit der Durchsicht der Fächer (Nr. 18) vorzunehmen.

Die den Registerführern hierdurch erwachsende Mehrarbeit wird erforderlichenfalls durch Heranziehung der Kanzleibeamten zur Anfertigung der Strafregisterauszüge (Formular C) aufgewogen werden können (Allg. Verfüg. vom 5. April 1895 zu Nr. III, Just.-Min.-Bl. S. 125).[39]

[39] **Allg. Verf. v. 5. 4. 95 (J.M.Bl. S. 125) betr. die Verminderung des Schreibwerks bei den Justizbehörden.**

Zum Zwecke der Verminderung des Schreibwerks wird, in theilweiser Wiederholung früherer Verordnungen, Folgendes bestimmt:

I. Die nachbezeichneten Schreibarbeiten liegen regelmäßig den Beamten der Gerichtsschreibereien und des Sekretariats der Staatsanwaltschaft ob:

— —

11 Zählkarten und Strafnachrichten

12 Auskunftsertheilungen aus den Strafregistern.

— —

II. Die Heranziehung der Kanzlei zu den unter I und II bezeichneten Arbeiten ist nur aus wichtigen Gründen gestattet. Sie bedarf der schriftlichen Genehmigung des Vorstandes der betreffenden Justizbehörde. Bestimmungen, welche die Genehmigung einer höheren Behörde fordern, bleiben in Kraft, desgleichen die Anordnungen darüber, unter welchen Voraussetzungen und in welchem Umfange Kanzleigehülfen zu Grundbucharbeiten herangezogen werden dürfen.

— —

32. Die Verwendung besonders starken Papiers ist fortan nur noch für das Formular A und für dessen Anlagebogen erforderlich und zwar für ersteres auch nur insofern, als es zur Anlegung einer Strafliste oder zur Ausfertigung einer ersten, als Strafliste verwendbaren Strafnachricht (vergl. Nr. 15 Satz 2) dient.[40]

[40] Vergl. die Cirkular-Verfügung vom 5. Juli 1886 Seite 25 und die Allgemeine Verfügung vom 21. Februar 1888 Seite 30.

33. Die ziffernmäßige Darstellung der Ergebnisse der Thätigkeit der Registerbehörden ist nach dem probeweise ausgefüllten Formular Nr. 2 von den Oberstaatsanwälten auch fernerhin am 1. März jeden Jahres einzureichen.

Die Berichte über die Thätigkeit der Registerbehörden sind von denselben am 1. Mai 1899 und demnächst von drei zu drei Jahren zu dem gleichen Termine zu erstatten (J.-M.-Bl. S. 265).

Berlin, den 7. September 1896. Der Justizminister.
Schönstedt.

Formular 1.

Notizbuch

für das Strafregister in M . . . . . .

über die in das Strafregister niedergelegten und aus demselben herausgegebenen Strafnachrichten und Straflisten.

1896 Tag.	Zahl der Strafnachrichten auf Einzelvermerken. Es sind: niedergelegt	herausgegeben	Zahl der Strafnachrichten auf Straflisten. Es sind: niedergelegt	herausgegeben	Zahl der Straflisten. Es sind: niedergelegt	herausgegeben	Bemerkungen.
a.	b.	c.	d.	e.	f.	g.	h.
8./12.	19	30	40	6	10	3	Im Dezember Fach R und S durchgesehen.
15./12.	14	40	50	11	15	2	
22./12.	25	25	30	3	7	1	**Abschluß.**
31./12.	30	40	35	5	5	3	Seit dem 1. Oktober 1882 sind Strafnachrichten
Im Dezember .	88	135	155	25	37	9	1. **auf Einzelvermerken** niedergelegt 104 921 herausgegeben 8 610 verblieben 96 311
Hierzu in den Monaten Oktober u. November	160	235	257	45	67	11	
Summa seit 1. Oktober 1896	248	370	412	70	104	20	2 **auf insgesammt 84 Straflisten:** niedergelegt . . . 412 herausgegeben . 70 verblieben . . . . 342 mithin gegenwärtig . 96 653 Strafnachrichten noch in Verwahrung.
Hierzu in den Monaten Januar bis einschließlich September 1896	1000*	110**	—	—	—	—	
und in den Vorjahren	103673*	8130**	—	—	—	—	
Summa . . .	104921	8610	412	70	104	20	M . . ., den 31. Dezember 1896. S., Sekretär.

*) Ergebniß der dritten Spalte } des bis zum 1. Oktober 1896 geführten Notizbuchs. — In den folgenden Jahren
**) Ergebniß der fünften Spalte } bedarf es selbstverständlich eines besonderen Abschlusses am 30. September nicht.

Bemerkungen: Maßgebend für die Spalten b bis e ist die Anzahl der Urtheilsauszüge, die Spalten f und g sollen die Zahl der vorhandeneu Straflisten nachweisen. — Zur Erläuterung dienen folgende Beispiele:

Geht eine erste Strafnachricht ein, auf deren Rückseite 5 bisher nicht registrirte Vorstrafen aufgeführt sind (Nr. 5), so ist einzutragen in Spalte b: 6.

Beim Eingange einer Strafnachricht, bezüglich deren sich bereits eine Vorstrafe im Register befindet, ist nach Anlegung der Strafliste (Nr. 13), welche in jedem Falle — mag sie auf einem Formular A oder auf der niedergelegten ersten Strafnachricht erfolgen — die Aussonderung der letzteren als Einzelvermerk zur Folge hat, zu notiren: Spalten c: 1, d: 2 und f: 1.

Waren betreffs einer Person vor dem 1. Oktober 1896 6 Strafnachrichten niedergelegt, welche der Registerführer auf eine Strafliste überträgt (Nr. 31 Abs. 1), so hat er zu vermerken in Spalten c: 6, d: 6, f: 1.

Wird eine Strafnachricht oder werden mehrere Einzelvermerke, die noch nicht auf eine Strafliste überführt sind, in Folge Todes des Verurtheilten ausgesondert, so kommt nur Spalte c in Betracht. Bei Aussonderung einer Strafliste mit 6 Urtheilsauszügen ist zu vermerken in Spalten e: 6, g: 1.

Formular 2.

Darstellung

der Ergebnisse der Thätigkeit der Strafregisterbehörden im Bezirk des Oberstaatsanwalts zu N nach den Abschlüssen vom 31. Dezember 1896.

	Sitz der Registerbehörde.	Strafnachrichten sind niedergelegt				Strafnachrichten sind herausgegeben				Straflisten sind niedergelegt		Straflisten sind herausgegeben		Gesammtsumme der in Verwahrung gebliebenen			
		im Jahre 1896		in den Vorjahren		im Jahre 1896		in den Vorjahren						Strafnachrichten			Straflisten
		auf Einzelvermerken.	auf Straflisten	auf Einzelvermerken.	auf Straflisten	auf Einzelvermerken eingetragene	auf Straflisten eingetragene	auf Einzelvermerken eingetragene	auf Straflisten eingetragene	im Jahre 1896	in den Vorjahren	im Jahre 1896	in den Vorjahren	auf Einzelvermerken (Sp. 3 u. 5 nach Abzug von Sp. 7 und 9).	auf Straflisten (Sp. 4 u. 6 nach Abzug von Sp. 8 und 10).	zusammen (Sp. 15 und 16).	(Sp. 11 und 12 nach Abzug von Sp. 13 und 14).
1.	2.	3.	4.	5.	6.	7.	8.	9.	10.	11.	12.	13.	14.	15.	16.	17.	18.
1.	M	1248	412	103673	—	480	70	8130	—	104	—	20	—	96811	342	96653	84
	Summa																

N, den 1. März 1897.

Der Oberstaatsanwalt.
B.

B. Strafaufschubnachrichten.

Durch allerhöchsten Erlaß vom 23. Oktober 1895 (J.M.Bl. S. 348) ist der Herr Justizminister ermächtigt worden, unter bestimmten Voraussetzungen solchen zu Freiheitsstrafe verurtheilten Personen, hinsichtlich derer bei längerer guter Führung eine Begnadigung in Aussicht genommen werden kann, Aussetzung der Strafvollstreckung zu bewilligen und später wegen Erlasses oder Milderung der Strafe Anträge zu stellen. (Bedingte Begnadigung.)

Da die Begnadigung, welche beim Ablauf der Strafaussetzungsfrist in Erwägung gezogen werden soll, nur dann befürwortet werden kann, wenn der Verurtheilte sich inzwischen nicht wiederum Strafthaten hat zu schulden kommen lassen, so war es nothwendig, Vorkehrungen zu treffen, daß die Strafvollstreckungsbehörden von allen gegen den Verurtheilten etwa eingeleiteten Untersuchungen Kenntniß erhalten. Diesem Zwecke sind nun die Strafregister nach Maßgabe des nachstehend abgedruckten Runderlasses nutzbar gemacht worden.

Runderlaß v. 24. April 97. — Veröffentlicht mit Genehmigung des Justizministers.

Unter Bezugnahme auf die Cirkularverfügung vom 21. November 1896, betreffend Benachrichtigung der Strafregisterbehörden von bewilligtem Strafaufschub (I 6302) bestimme ich Folgendes:

Die Strafvollstreckungsbehörde hat in jedem Falle, in welchem einer verurtheilten Person auf Grund der Cirkularverfügung vom 19. November 1895 — I 6539 — Strafaufschub mit der Aussicht auf künftige Begnadigung bewilligt ist, der zuständigen Registerbehörde hiervon unverzüglich Nachricht zu geben. Hierzu ist ein Formular nach anliegendem Muster zu benutzen. Zu demselben ist Papier von gelber Farbe zu verwenden. Für Größe und Format ist das für Strafnachrichten bestimmte Formular A maßgebend. In Bezug auf Ausfertigung, Behandlung und Verwahrung der Strafaufschubnachrichten finden die für Steckbriefnachrichten in der Allgemeinen Verfügung vom 6. Oktober 1887 (J.M.Bl. S. 272) gegebenen Vorschriften unter Ziffer 4—6, 11 und 12 entsprechende Anwendung.*) In keinem Falle ist die Strafaufschubnachricht zurückzusenden, vielmehr von der zuständigen Registerbehörde so lange aufzubewahren,

*) Die Allg. Verf. v. 6. Oktober 1887 (J.M.Bl. S. 272) abgedruckt Seite 28 ist durch die Ausführungsverfügung v. 7. September 1896 (J.M.Bl. S. 294) aufgehoben. Vergl. Nr. 28 dieser Verfügung und § 18a der Verordnung v. $\frac{18.\ 6.\ 82}{9.\ 7.\ 96}$.

als die für den Strafaufschub bewilligte Frist läuft. Geht während dieser Frist von einer anderen Behörde eine Strafnachricht, eine Steckbriefnachricht oder ein Ersuchen um Auskunftsertheilung über Vorstrafen u. s. w., aus welchem sich auf eine anhängige Untersuchung schließen läßt, ein, so hat die Registerbehörde der Behörde, welche die Strafaufschubnachricht eingesandt hat, hiervon sogleich Mittheilung zu machen, auch der erwähnten anderen Behörde, von der Sachlage kurze Nachricht zu geben. Nach Ablauf der bewilligten Strafaussetzungsfrist ist die Strafaufschubnachricht zu vernichten.

Auf diese Weise wird hinlänglich Vorkehrung getroffen sein, damit jede die verurtheilte Person betreffende spätere strafgerichtliche Untersuchung oder Verurtheilung zur Kenntniß der Behörde gelangt, welche die Strafaufschubnachricht eingesandt und welche geeignetenfalls auf den Widerruf der gewährten Vergünstigung hinzuwirken hat.

Mittheilende Behörde:	**Strafnachricht über Strafaufschub** (E)*) für das Strafregister zu	Aktenzeichen:

Familienname (bei Frauen Geburtsname):
Vornamen (Rufname zu unterstreichen):

Familienstand: ledig verheirathet verwittwet geschieden
Vor- und Familien- (Geburts-) name des (bezw. früheren) Ehegatten:

Des Vaters Vor- und Familienname:
Der Mutter Vor- und Geburtsname:

Ge- burts- tag.	Tag:	Ge- burts- ort.	Gemeinde:		Landgerichtsbezirk:
	Monat:		ev. Straße, Stadttheil:		
	Jahr:		Verwaltungsbezirk:		Staat:

Wohnort: ev. letzter Aufenthaltsort:

Stand (Beruf, Gewerbe): ev. Stand des Ehemannes:

Verurtheilt am durch

wegen

zu

Strafaufschub mit der Aussicht auf Begnadigung ist ertheilt

bis

Es wird ersucht, von den bis zur Beendigung des Strafaufschubs eingehenden Strafnachrichten, Steckbriefsnachrichten oder Anfragen wegen Vorstrafen sofort hierher Mittheilung zu machen.

Datum:

Unterschrift:

*) Papier von gelber Farbe. (Anm. d. V.)

Abschnitt VI.

A. **Ueber den Verkehr der Strafregisterbehörden mit dem Auslande und die Ersuchen um Auskunftsertheilung aus dortigen Registern.**

B. **Von den in den außerpreußischen Bundesstaaten und den Reichslanden bezüglich des Strafregisters getroffenen Anordnungen.**

C. **Die im Auslande bestehenden Einrichtungen zur Feststellung und Registrirung der Vorstrafen.**

Abschnitt VI.

A. Ueber den Verkehr der Strafregisterbehörden mit dem Auslande und die Ersuchen um Auskunftsertheilung aus dortigen Registern.

Nach § 18 der Verordnung des Bundesraths vom 16. Juni 1882 bleibt es, soweit nicht bezügliche Abmachungen seitens des Reichs mit der betreffenden auswärtigen Regierung getroffen sind, der Bestimmung der Landesregierung überlassen, inwieweit auswärtigen Behörden kostenfrei oder gegen Erhebung einer Gebühr Auskunft zu geben ist.

Bezüglich der Mittheilung von Strafnachrichten an ausländische Regierungen ist für Preußen in der Nr. 29 der Ausführungsverfügung vom 7. September 1896 das Nähere bestimmt. Die angezogenen Allgemeinen Verfügungen vom 30. Juni 1888, 9. November 1889, 17. Dezember 1894, sowie die ferner in Betracht kommende Allgemeine Verfügung vom 25. April 1898 sind im III. Abschnitt, Seite 30 bis 33 abgedruckt.

Ueber die Auskunftsertheilung nach dem Auslande und die Erlangung solcher Mittheilungen von diesem ist in der gedachten Ausführungsverfügung eine Bestimmung nicht getroffen.

Die Allgemeine Verfügung des Justizministers vom 20. Mai 1887 betreffend die im Auslande zu erledigenden Ersuchungsschreiben der Justizbehörden (J.M.Bl. S. 139 ff.) welche, soweit sie für den vorliegenden Zweck von Interesse ist, im Auszuge wiedergegeben wird, bestimmt Folgendes:

Bei dem Erlaß und der geschäftlichen Behandlung von solchen Ersuchungsschreiben und Anträgen, welche im Auslande zu erledigen sind, wird seitens der Justizbehörden nach vielfachen Wahrnehmungen nicht immer sachgemäß verfahren. Zur Vermeidung der hieraus entstehenden Weiterungen sieht sich der Justizminister veranlaßt, die Gesichtspunkte, welche in derartigen Angelegenheiten zu berücksichtigen sind, soweit diese Anträge nicht die Festnahme und Auslieferung verfolgter Personen betreffen, zusammenzustellen und die nachstehenden Anordnungen den Justizbehörden zur sorgfältigen Beachtung zu empfehlen.

I. Rechtshülfe.

1—42.

— —

II. Gesuche außerhalb des Gebiets der Rechtshülfe.

Im Allgemeinen. 43. Außerhalb des Gebiets der im Auslande zu erwirkenden Rechtshülfe hat eine Korrespondenz inländischer Justizbehörden mit Behörden des Auslandes regelmäßig nicht stattzufinden, auch nicht in der Form, daß ein an eine ausländische Behörde gerichtetes Ersuchungsschreiben dem Justizminister oder dem Herrn Minister der auswärtigen Angelegenheiten zur Beförderung auf diplomatischem Wege überreicht wird. Vielmehr ist in allen Fällen, in welchen für eine inländische Justizbehörde die Anregung einer außerhalb der Rechtshülfe liegenden Thätigkeit der Behörden eines außerdeutschen Staats in Frage kommt, deshalb unter Beobachtung der in Ziffer 4 gegebenen Vorschriften an den Justizminister und in besonders schleunigen Fällen an den Herrn Minister der auswärtigen Angelegenheiten zu berichten.

— —

Eine Korrespondenz der inländischen Behörden mit den im Auslande beglaubigten diplomatischen Vertretern des Reichs ist in allen diesen Angelegenheiten ausgeschlossen.

Insbesondere in Strafsachen. 44. In Strafsachen können Gerichte und Staatsanwälte soweit ein unmittelbarer Schriftwechsel mit ausländischen Behörden statthaft ist (vergl. Ziffer 27: Dänemark, 33: Oesterreich-Ungarn, 35: Rußland und 37: Schweiz), mit auswärtigen Staatsanwälten und Polizeibehörden insofern in unmittelbaren Schriftwechsel treten, als bei der Untersuchung oder der Strafvollstreckung Handlungen in Frage kommen, die nicht in das Gebiet der Rechtshülfe fallen, z. B. polizeiliche Ermittelungen, Auskunftsertheilung u. dergl.

Den Staatsanwälten bleibt auch in denjenigen Grenzgebieten, in welchen bisher ein die gedachten Angelegenheiten betreffender unmittelbarer Geschäftsverkehr mit außerdeutschen Staatsanwälten und Polizeibehörden ohne einen denselben regelnden Staatsvertrag in Uebung gewesen ist, die Fortsetzung dieses Verkehrs in der durch den vorhergehenden Absatz bestimmten Begrenzung bis auf weiteres gestattet.

Dänemark. 27. Die Justizbehörden im Bezirke des Oberlandesgerichts zu Kiel dürfen mit den dänischen Behörden in schleunigen Sachen unter Beschränkung auf das thatsächliche Verhältniß und mit Vermeidung jeden Eingehens auf prinzipielle Fragen nach Maßgabe des Cirkulars der Schleswig-Holsteinischen Landesregierung vom 17. Februar 1865 und des Ausschreibens der Regierung des Herzogthums Lauenburg vom 18. desselben Monats unmittelbar verkehren. (Verordnungsblatt für Schleswig-Holstein und Lauenburg für 1865 S. 27; Offizielles Wochenblatt für Lauenburg für 1865 S. 29).

Dieser unmittelbare Geschäftsverkehr erstreckt sich jedoch nicht auf die Ersuchen um Zustellungen oder um Aushändigung gerichtlicher Schriftstücke; in derartigen Angelegenheiten ist vielmehr das Ersuchungsschreiben, sobald es sich nicht um eine Zustellung oder Aushändigung an einen Reichsangehörigen handelt (vergl. Ziffer 6 unter b), stets an den Kaiserlichen Gesandten in Kopenhagen zu richten.

33. Zwischen den preußischen Justizbehörden und den Justizbehörden Oesterreich-Ungarns ist unmittelbarer Schriftwechsel zulässig, und diplomatische Vermittelung findet nur dann statt, wenn besondere Verhältnisse, wie z. B. sprachliche Schwierigkeiten, eine solche Vermittelung unvermeidlich oder wünschenswerth erscheinen lassen. **Oesterreich-Ungarn.**

— —

Die österreichischen und die ungarischen Gerichte berechnen für die Erledigung von Ersuchen um Rechtshülfe sowohl baare Auslagen, wie auch, falls die ersatzpflichtige Partei zahlungsfähig ist, Gebühren; die ungarischen Gerichte insbesondere auch die Kosten, welche für die Uebersetzung des Ersuchungsschreibens in die ungarische Sprache erwachsen. — — — — — — — — — — — — — —

Für die Behandlung der portopflichtigen Korrespondenz zwischen den diesseitigen und den Behörden Oesterreich-Ungarns gelten folgende Grundsätze (vergl. Bekanntmachung des Reichskanzlers vom 31. Oktober 1873 R.G.Bl. S. 366):

a) portopflichtige Sendungen sind stets von der absendenden Behörde zu frankiren;

— — — — — — — — — — — — — — — —

Ein Verzeichniß der österreichischen und der ungarischen Gerichte ist mit der Bekanntmachung vom 12. Mai 1884 (J.M.Bl. S. 114) abgedruckt.

35. Nach Maßgabe des Abkommens vom $\frac{\text{4. Februar}}{\text{23. Januar}}$ 1879 (Ges. Samml. S. 138) findet unmittelbarer Schriftwechsel statt im Verkehr der folgenden preußischen Justizbehörden, nämlich des Kammergerichts, der Oberlandesgerichte zu Breslau, Königsberg i./Pr., Marienwerder, Posen, Stettin, der zu dem Bezirk der vorbezeichneten Gerichte gehörigen Landgerichte sowie der Oberstaatsanwälte und der Ersten Staatsanwälte bei diesen Gerichten einerseits, mit den russischen Justizbehörden des Gerichtsbezirks Warschau, nämlich der Justizkammer, dem Handelsgericht und dem Bezirksgericht zu Warschau, den Bezirksgerichten zu Kalisch, Kielce, Lomza, Lublin, Petrikau, Plock, Radom, Siedlce und Suwalki, den Assisenhöfen bei den Friedensgerichten der vorbezeichneten Bezirke, den Präsidenten und den Staatsanwälten bei diesen Gerichten andrerseits. **Rußland.**

Die zu den vorbenannten Bezirken gehörigen preußischen Amtsgerichte haben behufs der Abfassung der entsprechenden Ersuchungsschreiben an die in Rede stehenden russischen Justizbehörden die Vermittelung des Landgerichtspräsidenten, die Staatsanwälte bei den bei Amtsgerichten gebildeten Strafkammern und die Amtsanwälte die Vermittelung der Ersten Staatsanwälte bei den Landgerichten in Anspruch zu nehmen.

Die Jurisdiktionsbezirke der in Rede stehenden russischen

Gerichte sind durch die Allgemeine Verfügung vom 16. Dezember 1879 (J.M.Bl. S. 474) bekannt gemacht worden.

Bei diesem direkten Geschäftsverkehr sind alle Sendungen an russische Gerichte, selbst solche von größerem Umfange, in einem Papierumschlag zu befördern und nicht in Leinewand einzunähen, denn im letzteren Falle werden diese Sendungen zollamtlich nicht als Briefe, sondern als Packete behandelt, an der Grenze von der russischen Zollbehörde geöffnet und mit den hierdurch entstehenden Gebühren, zu deren Tragung die ersuchte russische Justizbehörde sich nicht für verpflichtet erachtet, beschwert.

Die Sendungen sind stets frankirt abzulassen. Die Gewährung der Rechtshülfe geschieht bei diesem direkten Geschäftsverkehr kostenfrei (Art. 7 des Abkommens).

— —

Schweiz. 37. Die Rechtshülfe in Strafsachen regelt sich nach dem Auslieferungsvertrage zwischen dem Reich und der Schweiz vom 24. Januar 1874 (R.G.Bl. S. 173 ff.) Artikel 12, 13 und 14.

Zwischen den deutschen und schweizerischen Justizbehörden findet unmittelbarer Schriftwechsel statt, nach Maßgabe des Abkommens vom 1./10. Dezember 1878 (J.M.Bl. für 1879 S. 20), d. h. in allen Fällen, in welchen nicht der diplomatische Verkehr durch Staatsverträge vorgeschrieben ist oder in Folge besonderer Verhältnisse räthlich erscheint.

Für die Behandlung der portopflichtigen Korrespondenz zwischen den diesseitigen und den Behörden der Schweiz gelten die oben für den Verkehr mit Oesterreich-Ungarn angegebenen Grundsätze (vergl. Ziffer 33 Abs. 6 und J.M.Bl. für 1878 S. 60).

— —

Ein Verzeichniß der schweizerischen Justizbehörden ist bekannt gemacht durch die Allgemeine Verfügung vom 12. Juli 1879.

Soweit in den vorstehend wiedergegebenen Bestimmungen ein unmittelbarer Schriftwechsel mit Behörden des Auslandes nicht zugelassen ist, dürfen weder von preußischen Behörden Ersuchen um Auskunft über Vorstrafen an ausländische Behörden gerichtet, noch auch derartige direkte Anfragen ausländischer Behörden seitens der Registerbehörden beantwortet werden; Auskunft darf in diesen Fällen nur auf diplomatischem Wege erfordert und ertheilt werden.

B. Von den in den außerpreußischen Bundesstaaten und den Reichslanden bezüglich des Strafregisters getroffenen Anordnungen.

Die Bestimmung der Behörden, denen die Führung des Strafregisters obliegt, ist nach § 1 Nr. 1 der Verordnung des Bundesraths vom 16. Juni 1882 den Landesregierungen überlassen.

In den einzelnen Bundesstaaten sind nun, wie aus der im III. Abschnitt Seite 21 abgedruckten, durch die Allg. Verfügung vom 8. Januar 1883 mitgetheilten Nachweisung ersichtlich, die verschiedensten Behörden mit der Registerführung beauftragt worden. Ebenso ist der Kreis der nach § 3 der Bundesrathsverordnung in das Register aufzunehmenden Nachrichten auf Grund der im § 4 der Bundesrathsverordnung ertheilten Befugniß von einigen Bundesstaaten erweitert.

Die hierüber, sowie die gemäß § 19 a. a. O. zur Ausführung ergangenen Bestimmungen aller einzelnen Bundesstaaten vollständig hier aufzunehmen, würde über den Rahmen dieses Werks hinausgehen, erschien auch überflüssig, da mehrfach dieselben Anordnungen mit nur geringen Abweichungen für verschiedene Staaten ergangen sind. Einzelne Staaten haben keine Ausführungsverfügung erlassen.

Nachstehend sind daher nur die für die größeren Bundesstaaten (Bayern, Sachsen, Württemberg, Baden, Hessen, Braunschweig) und die Reichslande erlassenen Bestimmungen aber auch nur insoweit aufgenommen, als dieselben wesentliche Abweichungen von den für Preußen ergangenen enthalten.

Bayern.

Die Ausführungsbestimmungen sind in den Ministerial-Bekanntmachungen vom 24. Juli 1882, 20. September 1882, 27. September 1882, und 22. August 1896 enthalten.

Aus denselben ist Folgendes hervorzuheben:

Die Führung der Strafregister liegt den Amtsanwälten an den Amtsgerichten ob, in deren Bezirk eine Person geboren ist.

Außer den nach der Verordnung des Bundesraths aufzunehmenden Nachweisungen sind noch mitzutheilen:

a) die Verurtheilungen in den auf Privatklage verhandelten Sachen; bei Beleidigungen aus § 185 R.Str.G.B. jedoch nur die Verurtheilungen zu einer Freiheitsstrafe;

b) die Verurtheilungen wegen der sonstigen im Reichsstrafgesetzbuche, dann wegen der im bayrischen Ausführungsgesetz vom 19. August 1879, im Polizeistrafgesetzbuch und in besonderen Reichs- und Landesgesetzen oder Verordnungen vorgesehenen Uebertretungen, jedoch nur in dem Falle, wenn die Uebertretung für die Beurtheilung des allgemeinen bürgerlichen Lebenswandels oder des Verhaltens der verurtheilten Person in ihrer besonderen Berufsstellung von Bedeutung ist;

c) in denjenigen Fällen (insbesondere §§ 244, 245, 261, 264 R.Str.G.B.), in welchen der Eintritt einer höheren Strafe wegen etwaigen späteren Rückfalls davon abhängig ist, ob die betr. Strafe ganz oder theilweise zum Vollzug gekommen oder Begnadigung eingetreten ist, sowie wann die Strafvollstreckung geendigt hat, oder die Begnadigung eingetreten ist, die hierauf bezüglichen Nachweisungen;

d) die Nachrichten darüber, daß vom Justizministerium einem Verurtheilten unter der Bedingung einer guten Führung mit der Aussicht auf künftige Begnadigung Aussetzung der Strafvollstreckung bewilligt ist gemäß Ziffer VI der Just.-Min.-Bekanntmachung vom 24. März 1896.

Die vor dem 1. Oktober 1882 gemäß §§ 80 ff. der Vorschriften für die Geschäftsbehandlung in den zur Zuständigkeit der Schöffengerichte gehörigen Strafsachen angelegten und fortgeführten Straflisten waren, insofern der Geburtsort der betreffenden Personen in Bayern gelegen ist, mit dem Strafregister zu vereinigen. Sie können in die auf Grund der Abänderungsbestimmungen des Bundesraths vom 9. Juli 1896 anzulegenden Straflisten übertragen oder mit denselben im Register aufbewahrt werden, ohne daß ihr Inhalt in die neue Strafliste einzutragen ist.

Die Amtsanwälte, welche nicht zugleich Beamte der zuständigen Distriktsverwaltungsbehörde sind, haben die zur Aufnahme in das Register eingehenden Strafnachrichten, alphabetisch geordnet, zum Zwecke der regelmäßigen Ergänzung des bei den Distrikts-Polizei-Behörden zu führenden Registers kurzer Hand gegen möglichst zu beschleunigende Rückleitung an diese allwöchentlich abzugeben, auch können die Urschriften der in die Strafliste aufgenommenen Nachrichten an die Distriktsverwaltungsbehörde abgegeben werden. Letztere haben Strafregister nach Maßgabe der für die Amtsanwälte durch die Verordnung des Bundesraths erlassenen Vorschriften zu führen.

Das Strafregister kann auch zur Ermittelung von Zeugen oder sonstiger behördlich gesuchter Personen benutzt werden. In solchen Fällen ist das Formular D zu einer Steckbriefsnachricht durch handschriftliche Aenderungen seinem jeweiligen Zwecke anzupassen und insbesondere in der ersten Querspalte das Wort „Verfolgende" in „Ersuchende" oder „Nachforschende" (Behörde), ferner das Wort „Steckbriefs" in „Ersuchen" oder „Vermerk" umzuändern, und in der neunten Querspalte kurz anzudeuten, wodurch die Aufenthaltsermittelung veranlaßt ist.

Eine allgemeine Anordnung, die Richtigkeit der Personalangaben in den Strafnachrichten zu prüfen, ist nicht erlassen: dieselbe hat nöthigenfalls durch

Benützung der bei dem Gericht I. Instanz (Amtsgericht) aufbewahrten standesamtlichen Nebenregister zu erfolgen, sofern nicht dem Amtsanwalt (meistens entweder Nebenbeamter des Bezirksamts — der Distrikts-Verwaltungsbehörde — oder Beamter des Magistrats einer unmittelbaren Stadt) auf kürzerem Wege die Standesregister selbst zugänglich sind.

Bezüglich der Mittheilung von Strafnachrichten an ausländische Regierungen ist noch zu bemerken, daß auch für Staatsangehörige von Oesterreich-Ungarn, Frankreich und Rußland von allen rechtskräftigen Verurtheilungen wegen Verbrechen und Vergehen, für erstere Staatsangehörige, sofern sie in einer Grenzgemeinde heimathszuständig, auch von allen Verurtheilungen wegen Bettelns und Landstreicherei Mittheilung zu machen ist.

Sachsen.

Die einschlägigen Bestimmungen sind in den §§ 708—729 der Sächsischen Geschäftsordnung enthalten. (Ausführungs-Verordnung vom 28. August 1882 und 22. September 1896):

Bei Bestrafung wegen Diebstahls, Hehlerei, Betrugs, Raubes und eines dem Raube gleich zu strafenden Verbrechens ist in den Strafnachrichten bei Angabe der Strafthat auch die Zeit der Verübung der That, und sofern die Strafvollstreckung schon begonnen hat, der Beginn derselben anzugeben. Im Falle späteren Beginns der Strafvollstreckung oder späteren Straferlasses wird keine nachträgliche Mittheilung abgesendet.

Ist jemand in derselben Entscheidung wegen einer Strafthat, die in das Strafregister aufzunehmen und einer solchen, die von der Mittheilung ausgenommen ist, verurtheilt, so ist zu unterscheiden, ob

a) wegen der von der Mittheilung ausgenommenen That nach § 75 Abs. 1, 77 Abs. 1 oder 78 Abs. 1 R.Str.G.B. auf eine besondere für sich bestehende Strafe und

b) für sämmtliche Strafthaten nach § 74 R.Str.G.B. auf eine Gesammtstrafe erkannt ist.

Im Falle a ist die von der Mittheilung ausgenommene Strafthat in der Strafnachricht überhaupt nicht zu berücksichtigen. Im Falle b ist nur die mitzutheilende Strafthat besonders zu bezeichnen, bei Angabe der Strafdauer aber durch einen Zusatz auf das Vorliegen noch anderer Strafthaten hinzuweisen, z. B. Gesammtstrafe zugleich in einer Privatklagesache. Dasselbe gilt entsprechend im Falle des § 75 Abs. 2 R.Str.G.B.

Die Ausfertigung einer Strafnachricht unterbleibt, wenn zu der Zeit, zu der sie anzufertigen wäre, der Verurtheilte das 80. Lebensjahr überschritten hat oder sein Tod glaubhaft nachgewiesen ist.

Die Berichtigung und Vernichtung falscher Nachrichten und Straflisten ist vom Richter zu beschließen, ebenso hat dieser den Schriftwechsel über die Rücksendung unvollständiger oder unrichtiger Strafnachrichten zu führen. Derselbe hat auch die Bestandslisten, in welche die Strafnachrichten einzutragen sind, zu revidiren.

Die Ersuchen — Form C — sind ohne Umschlag zu versenden und so zusammenzubrechen, daß die erste Seite bei der Hin-, die zweite bei der Rücksendung zur Aufschreibung der Adresse verwendet werden kann. Das Auskunftsschreiben wird vom Richter vollzogen.

Die Auskünfte — Form C — sind den Akten unter Voranstellung der dritten Seite vorzuheften.

Privatpersonen darf nur, wenn sie ein rechtliches Interesse nachweisen und nur auf Entschließung des Richters Auskunft ertheilt werden.

Württemberg.

1. Zu Registerbehörden sind die Ortsvorsteher jeder Gemeinde bestellt. Dieser oder der dazu bestellte Gemeindebeamte hat die eingehenden Strafnachrichten hinsichtlich der Richtigkeit der Angaben über die Persönlichkeit und den Geburtsort durch Vergleichung der in der Gemeinderegistratur befindlichen Standesregister oder der von den Standesbeamten geführten Familienregister festzustellen und soweit diese Standes- und Familienregister hierzu noch nicht benutzt werden können, Erkundigungen aus den in den Händen der Stiftungs- und Kirchenpfleger verbliebenen Familienregistern einzuziehen.
2. Die Anlegung von Straflisten ist allgemein nicht angeordnet. Den Registerbehörden ist die Entscheidung darüber, ob und unter welchen näheren Umständen sie behufs Verminderung der Zahl der aufzubewahrenden Strafnachrichten Straflisten anlegen wollen, bis auf Weiteres überlassen. Die Anlegung von Straflisten wird bei solchen Personen empfohlen, welche sich bereits als gewohnheitsmäßige Gesetzesübertreter erwiesen haben.
3. Die in Gemäßheit des § 16 der Verordnung aus den Registern entfernten Vermerke sind noch mindestens zwei Jahre lang gesondert aufzubewahren und nur mit Genehmigung der Aufsichtsbehörde zu vernichten.
4. Außer den Strafnachrichten für die Registerbehörde des Geburtsortes sind solche für die Behörden des Wohnortes des Verurtheilten auszufertigen. Die Einrichtungen und Bestimmungen schließen sich denen bezüglich des Geburtsortes entsprechend an.

Baden.

Aus der Badischen Strafregisterordnung vom 28. November 96 (Nr. 34 des Gesetz- und Verordnungsblattes für das Großherzogthum Baden) ist Folgendes hervorzuheben:

1. Bei der Ertheilung von Straf- und Steckbrief-Nachrichten wie bei Auskunft-Ersuchen ist auf die Richtigkeit der Personalien die größte Sorgfalt zu verwenden und wo darüber Zweifel besteht (z. B. weil lediglich die Angaben des Verfolgten zu Grunde liegen) demselben in der Nachricht oder dem Ersuchen Ausdruck zu verleihen.
2. Die Formulare zu den von der Gendarmerie und Schutzmannschaft zu führenden Impressen erfordern eine sehr genaue Personalfeststellung. In denselben ist auch eine Spalte vorgesehen, ob der Vernommene im Besitz von Legitimationspapieren ist, zutreffendenfalls von welchen.

3. Außer den Strafaufschubsnachrichten werden auch im Falle der vorläufigen Entlassung (§ 23 Str.G.B.) und der Beurlaubung auf Wohlverhalten, Entlassungs- und Urlaubsnachrichten in das Register aufgenommen. Wegen des bezüglich der Behandlung dieser Nachrichten zu beobachtenden Verfahrens finden die hinsichtlich der Strafaufschubsnachrichten gegebenen Vorschriften sinngemäße Anwendung.
4. Namensänderungen von Personen über 12 Jahren sind zur Kenntniß der Registerbehörden zu bringen.
5. Die eingehenden Strafnachrichten werden hinsichtlich des Eintrags in das Geschäftstagebuch wie andere amtsgerichtliche Einläufe behandelt.
6. Der Registerführer hat nach Eingung jeder Nachricht und jeden Auskunft-Ersuchens die Vollständigkeit und **Richtigkeit der Personalien und des Geburtsortes** erforderlichenfalls auf Grund der beim Amtsgericht verwahrten Standesregister zu prüfen.
7. Nachrichten über verschiedene Personen gleichen Namens sind nach dem Vornamen, bei mehreren nach dem ersten derselben zu ordnen.
8. Zur Anlegung der Strafliste ist nicht die erste niedergelegte Strafnachricht A, sondern das entsprechend geänderte Formular einer solchen zu benutzen.
9. Der Registerführer hat vom Inhalt jeder Strafnachricht vor Einlegung derselben dem Bürgermeisteramte des Geburtsorts des Verurtheilten eine Mittheilung auf vorgeschriebenem Formular zu machen. Der Abgang derselben ist auf der Strafnachricht zu vermerken.
10. Die unmittelbare Aufsicht über das Strafregister führt der Amtsrichter. Er hat unzweifelhafte Mißstände sofort abzustellen. Ueber zweifelhafte Fragen ist mit dem Ersten Staatsanwalt ins Benehmen zu treten.
11. Der Erste Staatsanwalt beim Landgericht, welchem nach § 1 der Verordnung des Bundesraths die Aufsicht und Leitung der Registerführung obliegt, hat jedes Jahr die Registerführung einiger Amtsgerichte seines Bezirks durch eigene Einsichtnahme zu prüfen. Das Amtsgericht hat den Anordnungen des Ersten Staatsanwalts nachzukommen, nöthigenfalls macht dieser dem vorgesetzten Landgericht Anzeige.

Hessen.

Aus der Ausführungsverfügung vom 30. September 1896 ist als abweichend nur zu erwähnen, daß sämmtliche Eintragungen in die zu heftenden Straflisten von dem Staatsanwaltsgehülfen, der das Register führt, zu bewirken sind. Soweit seine Zeit hierzu nicht ausreicht, ist von dem Ersten Staatsanwalt ein Bediensteter hiermit besonders zu beauftragen. Die ausgesonderten Strafnachrichten sind alljährlich im Januar zu vernichten. Hierüber ist ein kurzes Protokoll aufzunehmen, welches die Zeit der Vernichtung und die Zahl der vernichteten Vermerke angeben soll.

Nachrichten über bedingte Begnadigung (gelb) sind schon durch Verfügung vom 9. Mai 1891 (Amtsblatt Nr. 10 von 1891) eingeführt.

Braunschweig.

Die Richtigkeit der in den Strafnachrichten enthaltenen Personalangaben und des Geburtsortes wird allgemein geprüft. Zur Feststellung derselben sind die nachstehend abgedruckten Formulare eingeführt.

Strafregister-Behörde

Braunschweig.

Bezüglich de ....

....

angeblich geboren am .... zu ....

ersuche ich Sie, über d....... Personalien auf Grund der Geburtsregister durch Ausfüllung des hierunter befindlichen Schemas Auskunft zu ertheilen.

Braunschweig, den .... ten 18

Herzogliche Strafregister-Behörde.

An

Herzogliches Standesamt

hierselbst.

---

1. Vor- und Zuname: ....
   (Der Rufname ist zu unterstreichen.)
2. Geburtsort: ....
3. Tag und Jahr der Geburt: ....
4. Vor- und Zunamen der Eltern: ....

Br. m. zurück an die Strafregister-Behörde für den Landgerichtsbezirk Braunschweig

....

....

Braunschweig, den .... ten 18

Herzogliches Standesamt.

Br. m. an Herzogliche Polizei-Direktion hierselbst mit dem Ersuchen, bezüglich de umseitig Genannten durch Ausfüllung des umstehenden und hierunter folgenden Schemas Auskunft zu ertheilen.

Braunschweig, den ....ten 18

Herzogliche Strafregister-Behörde.

---

1. Stand oder Gewerbe: ....

2. Verheirathet: ....

3. Vor- und Zuname des Ehegatten: ....

4. Letzter Wohnort: ....

5. Etwaige Vorstrafen: ....
(welche genau anzugeben sind.)

Br. m. zurück an die Strafregister-Behörde für den Landgerichtsbezirk Braunschweig

....

....

Braunschweig, den ....ten 18

Herzogliche Polizei-Direktion.

Strafregister-Behörde

Braunschweig.

Bezüglich de ....

....

angeblich geboren am .... 189 zu ....

beauftrage ich Sie, über d............ Personalien 2c. auf Grund der von Ihnen bei dem betr. Standesbeamten und sonst geeigneten Personen einzuziehenden Erkundigungen durch Ausfüllung des umstehenden Schemas Auskunft zu ertheilen.

Braunschweig, den 189

Herzogliche Strafregister-Behörde.

An

....

....

Br. m. zurück an die Strafregister-Behörde für den Landgerichtsbezirk ....

....

....

...., den 189

1. Vor- und Zuname: ....
(Der Rufname ist zu unterstreichen.)

2. Geburtsort: ....

3. Tag und Jahr der Geburt: ....

4. Vor- und Zunamen der Eltern: ....

....

5. Stand oder Gewerbe: ....

6. Verheirathet: ....

7. Vor- und Zuname des Ehegatten: ....

8. Letzter Wohnort: ....

9. Etwaige Vorstrafen: ....
(welche genau anzugeben sind.)

Elsaß-Lothringen.

Die Ausführungsverfügung des Ministeriums vom 26. September 1896 bestimmt neben anderm Folgendes:

1. Die Strafnachrichten sind von dem Gerichtsschreiber des Gerichts I. Instanz anzufertigen, gegenzuzeichnen und der Staatsanwaltschaft bei diesem Gericht zur Prüfung und Unterschrift vorzulegen.
2. Ergeben sich Zweifel hinsichtlich der Richtigkeit der in den Akten erörterten persönlichen Verhältnisse, so hat der Gerichtsschreiber vor Ausfertigung der Strafnachricht geeignete Ermittelungen, sofern solche ohne Schriftwechsel mit andern Behörden, z. B. durch Vergleichung mit den bei Gericht aufbewahrten standesamtlichen Nebenregistern oder sonstigen bei Gericht befindlichen Akten und Urkunden ausgeführt werden können, vorzunehmen, andernfalls der Staatsanwaltschaft behufs Veranlassung der erforderlichen Erhebungen Mittheilung zu machen.
3. Die Amtsanwälte haben die von ihnen geprüften und unterzeichneten Nachrichten dem vorgesetzten Ersten Staatsanwalt zu überreichen, welcher dieselben nach nochmaliger Prüfung ihrer Ordnungsmäßigkeit weiter befördert.
4. Die zu registrirenden Strafnachrichten werden in Verbindung mit den Bulletins Nr. 1 des früheren casier judiciaire in den für letzteres bestimmten Fächern aufbewahrt. Die Fächer sind nach den Buchstaben des Alphabets und Namen oder Anfangssilben von Namen zu bezeichnen. Außerdem empfiehlt es sich, dieselben mit fortlaufenden Nummern zu versehen.
5. Die Strafnachrichten sind sofort nach ihrem Eingange einer Prüfung zu unterziehen. Sofern keine mit der neueingegangenen übereinstimmende Nachricht im Strafregister vorhanden ist, hat der Registerführer auch die Richtigkeit der Angaben über die persönlichen Verhältnisse der Verurtheilten auf Grund der Geburtsregister festzustellen. Es kann jedoch die Beiziehung der Geburtsregister unterlassen werden, wenn die Untersuchungsakten vorliegen und aus diesen erhellt, daß die Vergleichung mit dem Geburtsregister schon früher stattgefunden hat. Ist der Geburtsort nicht ermittelt, aber dennoch festgestellt, daß der Verurtheilte im Bezirk geboren ist, so ist der Mangel der Geburtsurkunde in Spalte Bemerkungen zu verzeichnen.
6. Die von dem Registerführer nicht beanstandeten Strafnachrichten sind am untern Rande mit seinem Namenszuge zu versehen.
7. Die einzelnen Urtheilsauszüge sind in die Strafliste nach der Zeitfolge ihres Eingangs bei der Registerbehörde und bei gleichzeitigem Eingang mehrerer Urtheilsauszüge nach der Zeit der Verurtheilung einzutragen.
8. Sämmtliche Fächer des Registerschranks sind durch den Ersten Staatsanwalt oder durch einen von ihm beauftragten Staatsanwalt alljährlich einer genauen Durchsicht zu unterziehen.
9. Das Ersuchen einer nicht deutschen Behörde sowie einer Privatperson ist, sofern sich nicht aus dessen Inhalt ein anderes ergiebt, stets als auf Erlangung eines vollständigen Auszuges gerichtet, anzusehen.
10. Die Vollziehung der Erwiderungsschreiben erfolgt in allen Fällen durch die Staatsanwaltschaft, welche auf die vorschriftsmäßige Form der Atteste zu achten und hin und wieder die Richtigkeit ihres Inhalts zu prüfen hat.

11. Bezüglich der Auskunft an Private und der hierfür zu berechnenden Kosten verbleibt es bei den bisherigen Vorschriften. Vergl. Cirkular vom 31. December 1850 und Verfügungen vom 4. April 1872, 31. März 1873, 8. August 1885, 13. October 1890.

12. Die Untersuchungs- und Amtsrichter, sowie die Beamten und Hülfsbeamten der Staatsanwaltschaft haben vom Beginn eines jeden Strafverfahrens an auf die Klarstellung des Orts und Tags der Geburt sowie der sonstigen in den Strafnachrichten zu bekundenden persönlichen Verhältnisse des Beschuldigten Bedacht zu nehmen und die eingezogenen Nachrichten, soweit nöthig, im weiteren Verlaufe des Verfahrens zu prüfen, zu berichtigen und zu ergänzen. Findet zu diesem Zweck eine Vergleichung mit dem Geburtsregister statt, so ist dies aktenkundig zu machen.

13. Der Verkehr mit dem Auslande zum Zwecke der Erlangung von Auszügen aus dem Strafregister ist ausschließlich auf den diplomatischen Weg verwiesen. Ausnahmen sind auch im Grenzverkehr und in dringlichen Fällen unstatthaft.

C. Die im Auslande bestehenden Einrichtungen zur Feststellung und Registrirung der Vorstrafen.

Dem Verfasser ist es trotz vieler aufgewendeter Mühe nicht gelungen, bezüglich aller in Betracht kommenden Staaten eine genaue Kenntniß der dort bestehenden Einrichtungen zur Feststellung und Registrirung der Vorstrafen zu erlangen. Zwar sind seine Bemühungen bezüglich der Mehrzahl der Staaten von Erfolg begleitet gewesen, so daß bezüglich dieser eine ausreichende Darstellung gegeben werden kann; über die Einrichtungen der anderen Länder kann jedoch nur eine unvollkommene Auskunft ertheilt werden. Gleichwohl dürfte das Gebotene genügen, dem Leser einen vergleichenden Ueberblick über die im Auslande bestehenden bezüglichen Einrichtungen zu gewähren.

1. Belgien.

Zur Einführung gelangt ist die Schachtel- (Karten-) Ordnung nach französischem Muster. Das Register ist centralisirt und wird beim Justizministerium in Brüssel geführt. Das „Bulletin de condamnation“ enthält mehrere in unserer Strafnachricht A nicht vorgesehene Spalten: Falscher Name; ob der Verurtheilte eheliche oder uneheliche Kinder hat?; ob er Analphabet, ob er unvollkommen oder gut lesen und schreiben kann, oder ob er eine höhere Bildung besitzt.

Bei bedingter Verurtheilung (Gesetz vom 31. Mai 1888) ist die Bewährungsfrist anzugeben. Ferner ist zu vermerken, wann die That begangen ist und ob sie im Trunke verübt ist.

An Privatpersonen soll Auskunft aus dem Register nicht ertheilt werden.

---

2. Dänemark.

Die Führung des Strafregisters ist durch Cirkular des Justizministeriums vom 11. Dezember 1896 geordnet und geschieht dem Protokollationsverfahren gemäß. Registerbehörden sind in Kopenhagen das Justizkontor des Kriminal- und Polizeigerichts im Uebrigen die Untergerichte (Polizeimeister, welcher zugleich Unterrichter ist). Die Zuständigkeit wird durch den Geburtsort bedingt. Ueber Ausländer und Personen, deren Geburtsort nicht ermittelt werden kann, führt das Justizkontor des Kriminal- und Polizeigerichts das Strafregister. Die Gerichte fertigen in den Justizsachen mit Ausnahme der Polizeivergehen, bezüglich deren nur auf Geldbuße erkannt ist, Strafkarten für die zuständige Stelle aus. Diese trägt den Inhalt der Strafkarte in das Strafregister ein und den Namen des Angeklagten in ein dazu gehörendes Namensverzeichniß, welches Hinweisung auf alle die Stellen im Strafregister enthält, an welchen der Betreffende genannt wird.

3. Frankreich.

Durch ministerielle Verordnung vom 6. November 1850 ist das „Casier judiciaire“ eingeführt. Zu derselben sind zahlreiche (über 150) abändernde und ergänzende Verfügungen ergangen. Das Register wird in der Gerichtsschreiberei des Civil-Arrondissementsgerichts (Tribunal civil), in dessen Bezirk der Verurtheilte geboren ist, und für Ausländer und Personen, deren Geburtsort unbekannt ist, im statistischen Kontor beim Justizministerium in Paris (Casier judiciaire central) geführt. Der Gerichtsschreiber hat die ausgefertigte Strafnachricht innerhalb zwei Wochen nach Rechtskraft des Urtheils durch den Prokurator an den General-Prokurator seines Distrikts zu senden. Beide versehen die Strafnachricht mit ihrem Visum und letzterer giebt dieselbe an die zuständige Registerbehörde weiter.

In das Register werden auch die Beschlüsse über Konkurseröffnungen und Vergleichsverhandlungen aufgenommen. Zu den Nachrichten werden gewöhnlich Formulare von weißer Farbe benutzt, für jugendliche Verbrecher jedoch, welche wegen mangelnder Einsicht freigesprochen wurden, sind zu den auszufertigenden Strafnachrichten farbige Formulare zu verwenden, und zwar hellrothe, wenn sie einer Zwangserziehungsanstalt überwiesen, violette, wenn sie ihren Eltern belassen werden.

Auskunft aus dem Register wird nicht nur Behörden, sondern gegen Erhebung einer Gebühr der betreffenden Person selbst über ihr eigenes Strafkonto, und beim Nachweise eines Interesses auch dritten Personen gegeben.

In das Register wird auch ein vollständiges Signalement, vielfach in neuerer Zeit sogar das Ergebniß der anthropometrischen Messung aufgenommen. Hierbei mag bemerkt werden, daß man sich in Frankreich nicht für berechtigt hält, jemand zu zwingen, sich einer Messung zu unterwerfen, da diese Einrichtung ebenso wie das Casier judiciaire einer gesetzlichen Grundlage entbehrt.

Bei der Polizeipräfektur in Paris wird außerdem noch das „Sommier judiciaire“, ein Centralarchiv für ganz Frankreich für alle Verurtheilte auf Grund der von drei zu drei Monaten von den Gerichtshöfen zu machenden Mittheilungen, geführt. Die Ordnung erfolgt in ähnlicher Weise wie beim Casier judiciaire.

4. Griechenland.

Griechenland hat ein geordnetes Strafregister noch nicht.

5. Großbritannien.

Auch dieses große Reich verfügt nicht über ein zeitgemäßes Strafregister. Für England wird von dem Commissioner of Police of the Metropolis under the provisions of Section VI. 57 the Statute 34 and 35. Victoria, cap. 112 for the Prevention of Crime ein Register geführt, über welches nähere Angaben nicht zu erlangen waren.

---

6. Italien.

In Italien ist durch Königliche Verordnung vom 6. Dezember 1865 die Einrichtung von Strafregistern — Casellario giudiziale — angeordnet. Die Ausführungsbestimmungen sind in dem Reglement von demselben Tage, dem Cirkular vom 15. Juni 1869 und der Instruktion vom 12. April 1886 enthalten.

Die für das Register bestimmten Nachrichten werden auf Strafkarten mitgetheilt, welche in das Register (Kästen) aufgenommen werden. Die Strafkarten enthalten außer den Personalangaben auch eine Personalbeschreibung. Die Strafkarten werden in ein chronologisches und ein alphabetisches Kontroll-Register eingetragen. Das Strafregister wird in der Cancelliere del tribunale unter Aufsicht des Staatsanwalts und Oberstaatsanwalts, außerdem ein Centralregister im Justizministerium in zwei Abtheilungen — für Ausländer und Personen unbekannten Geburtsorts getrennt — geführt. Die Angaben hinsichtlich der Personalien und namentlich des Geburtsorts sollen urkundlich geprüft werden. Auch Privatpersonen darf gegen Entrichtung einer Gebühr in bestimmten Fällen Auskunft aus dem Register ertheilt werden.

---

7. Luxemburg.

Durch Reglement vom 20. Januar 1886 ist eine Central-Strafregisterführung bei der General-Staatsanwaltschaft in Luxemburg eingeführt. Sämmtliche Strafmittheilungen werden in Bücher eingetragen. Außer diesen das eigentliche Strafregister bildenden Büchern werden alphabetische Repertorien behufs Erleichterung der Recherchen geführt. Dieses System hat sich bei der beträchtlichen Anzahl der Eintragungen als nicht zweckentsprechend erwiesen, sodaß eine Aenderung nach dieser Richtung hin in Aussicht genommen ist.

Die Eintragungen in das Register erfolgen erst nach amtlicher Feststellung der Identität der Verurtheilten.

Außer den durch die Gerichte und bestimmten durch die Polizeigerichte verhängten Strafen werden in die Register auch aufgenommen:

1. Die Urtheile, durch welche die wegen Unzurechnungsfähigkeit außer Verfolgung gesetzten oder freigesprochenen Individuen der Regierung zur Verfügung gestellt oder in eine Irrenanstalt untergebracht werden.
2. Die den Fallimentszustand feststellenden Urtheile.
3. Die Urtheile, durch welche die Interdiktion oder die Ernennung eines gerichtlichen Beistandes verfügt wird.
4. Die gegen ministerielle Beamte gerichtlich verhängten Disziplinarstrafen.

Die Begnadigungsbeschlüsse sowie die richterlichen Rehabilitationsbeschlüsse werden in das Strafregister am Rande neben den Buchungen eingetragen.

Auszüge aus dem Strafregister werden auch gegen die vorgeschriebene Taxe an Privatpersonen ertheilt; bezüglich einer dritten Person jedoch erst, nachdem der General-Staatsanwalt das Gesuch als begründet anerkannt hat.

8. Niederlande.

Durch Königliche Verordnung vom 19. Februar 1896 sind Strafregister eingeführt, und zwar ist die Schachtelordnung gewählt. Die Register werden in der Gerichtsschreiberei der Arrondissementsgerichte und im Justizministerium geführt. In erstere werden alle rechtskräftig gewordenen Urtheile wegen civiler und militärischer Verbrechen von Personen, deren Geburtsort innerhalb des Gerichtsbezirks gelegen ist, aufgenommen, während das Strafregister im Justizministerium für alle obenerwähnten Urtheile von Personen bestimmt ist, deren Geburtsort außerhalb des Reiches in Europa liegt oder unbekannt ist.

9. Norwegen.

In Norwegen ist man zur Zeit noch nicht im Besitze eines Strafregisters. Die Vorarbeiten, ein solches zu schaffen, sind jedoch im Gange. Auf der neunten nordischen Juristen-Versammlung zu Christiania im Sommer 1899 wurde die Einführung von nach gleichen Grundsätzen eingerichteten Strafregistern für die drei Staaten Dänemark, Schweden und Norwegen zum Gegenstande der Verhandlung gemacht.

10. Oesterreich.

Zufolge Verordnung des Justizministeriums vom 8. Dezember 1897 sind am 1. Januar 1898 Strafregister eingeführt worden. Die auszufertigenden Strafkarten treten an die Stelle der früheren Auskunftstabellen und bilden das Strafregister. Sie haben ferner mit gewissen Einschränkungen an Stelle der statistischen Zählkarten zu treten. Strafregisteramt ist die Staatsanwaltschaft, in deren Sprengel der Verurtheilte heimathszuständig ist. Nur im Falle unbekannter oder ausländischer Heimathszuständigkeit ist jene Staatsanwaltschaft Strafregisteramt, in deren Sprengel die Verurtheilung erfolgte. Strafkarten, welche sich auf denselben Verurtheilten beziehen, sind auf ihren Inhalt zu prüfen und ist nur die letzte in den Vorstrafen richtig gestellte Strafkarte im Register zu behalten. Die Strafkarten werden in kein Protokoll eingetragen, sondern ohne weiteres dem Strafregister zugeführt. Auskunft aus dem Register wird nur den staatlichen Behörden ertheilt. Strafkarten werden für sämmtliche rechtskräftige Verurtheilungen wegen Verbrechen, Vergehen und Uebertretungen ausgefertigt.

11. Portugal.

In Portugal ist ebenfalls die Schachtelordnung nach französischem Muster eingeführt. Die Zuständigkeit wird auch durch den Geburtsort bestimmt. Auskunft aus dem Register wird jedoch nur Behörden, nicht auch Privatpersonen ertheilt.

12. Rumänien.

Rumänien hat ein der Neuzeit entsprechendes Strafregister noch nicht.

---

13. Rußland.

Das Strafregister ist centralisirt. Es wird im statistischen Amte des Justizministeriums in Petersburg geführt, von welchem Auskünfte in Form eines besonderen Blattes über jeden einzelnen Fall zu erlangen sind. Monatlich erscheint ein Buch über die Verurtheilungen aller Instanzen und Behörden des russischen Reiches, welches an alle Gerichte vertheilt wird. Am Schlusse des Jahres wird dann noch ein alphabetisch geordnetes Nachschlageregister über alle während des Jahres Verurtheilten herausgegeben. In diese Bücher werden nur solche Vergehen aufgenommen, deren Wiederholung die Strafe verschärft.

---

14. Schweden.

In Schweden ist ein geordnetes Strafregister auch noch nicht eingeführt. Es ist jedoch beabsichtigt worden, ein Centralregister in Stockholm auf der Grundlage der Strafkartenordnung zu schaffen. Näheres hierüber ist bis zur Zeit nicht bekannt geworden.

Einstweilen wird nach den durch Königl. Bekanntmachung vom 4. Mai 1855 und Königl. Verordnung vom 20. Januar 1865 erlassenen Bestimmungen verfahren.

---

15. Schweiz.

Eine Centralstelle zur Führung eines Strafregisters giebt es in der Schweiz zur Zeit noch nicht, da die Strafgesetzgebung noch Sache der einzelnen Kantone ist. Dagegen wird durch die Polizeidirektion jedes einzelnen Kantons ein solches Register geführt. Die Einrichtung dieser Register ist in den einzelnen Kantonen verschieden, in einigen ist das Protokollationsverfahren, in anderen die Ordnung nach Strafkarten ohne weitere Kontrolle eingeführt. Durch die Gerichtsschreibereien der Amtsbezirke des Kantons sowie durch die Assisen und Obergerichtskanzlei werden von allen Urtheilen, sowohl krimineller, als korrektioneller und polizeilicher Natur mit Ausnahme der durch bloße Bußen geahndeten kleinen Polizei-Uebertretungen Auszüge nach vorgeschriebenem Formular zum Register eingesandt.

Im Kanton Bern erhält jeder Verurtheilte sein eigenes, mit den erforderlichen Personalangaben als Aufschrift versehenes Dossier, in welchem nach und nach alle über ihn ergangenen Strafurtheile und polizeilichen Recherchen gesammelt und aufbewahrt werden. Ueber diese Dossiers wird ein Register geführt; jeder Buchstabe faßt einen, nach Bedarf auch mehrere in Unterabtheilungen zerlegte Bände; jedes Dossier wird mit fortlaufender Nummer versehen, welche mit der betreffenden Registernummer übereinstimmen muß.

Sachregister.

(Die Ziffern bezeichnen die Seiten.)

A.

B.

J.

K.

L.

M.

N.

O.

P.

Druck von A. W. Hayn's Erben, Berlin und Potsdam.